DIE SELBSTKOSTEN-RECHNUNG IN DER EISENGIESSEREI

VON

DR. ING. A. LISCHKA

MÜNCHEN UND BERLIN 1926
VERLAG VON R. OLDENBOURG

Druck der Spamerschen Buchdruckerei in Leipzig

Vorwort.

Das Buch ist entstanden aus der Erweiterung meiner an der Technischen Hochschule Darmstadt eingereichten Dissertation: „Die Selbstkostenrechnung in der Eisengießerei“. Die Anregung zu dieser Arbeit verdanke ich Professor Dr.-Ing. E. Heidebroek, der mir auch das umfangreiche Material seines Lehrstuhls aus diesem Gebiete zur Verfügung stellte. Weitere Unterlagen lieferte der Verein Deutscher Eisengießereien, Gießereiverband, sowohl die Hauptgeschäftsstelle Düsseldorf, als auch die Mitgliedwerke des Vereins, insbesondere die Maschinenfabrik Eßlingen. Es sei mir erlaubt, an dieser Stelle meinen Dank für die wertvollen Unterstützungen auszusprechen; durch dieses Zusammenarbeiten mit Theorie und Praxis hoffe ich, das Wesentliche und allgemein Gültige des ganzen Gebietes erfaßt zu haben und dadurch zur Weiterarbeit anzuregen.

Düsseldorf, im Januar 1926.

Lischka.

Inhaltsverzeichnis.

Verzeichnis der Abbildungen.

Einleitung.

Es gibt wenig Industriezweige, die der Einführung moderner Betriebsorganisation und Selbstkostenberechnung so viel Widerstand entgegensetzen wie die Gießereien. Das Fehlen einer genauen, einwandfreien Selbstkostenberechnung macht sich gerade bei der großen Zahl der Gießereien, die gegeneinander im Konkurrenzkampf stehen, durch unglaubliche Unterbietungen bemerkbar, die nur auf Unkenntnis der tatsächlichen Selbstkosten zurückzuführen sind. Die Gründe dafür, daß es nahezu keine Eisengießereien gibt, die eine völlig einwandfreie Selbstkostenberechnungsmethode haben, sind verschiedener Art. Zum ersten gehört das Eisengießereiwesen zu den ältesten Zweigen der Eisenindustrie und seine Methoden haben sich im Vergleich zu den anderen Industriezweigen im Laufe der Jahrhunderte wenig geändert. Sie sind daher in ihrem ganzen Aufbau und in ihrer Arbeitsweise noch verhältnismäßig primitiv; die Einführung einer neuen Selbstkostenrechnung läßt sich meistens leichter gleichzeitig mit einer Neuorganisation durchführen, also überall da, wo noch nichts Althergebrachtes sich den Einführungen des Neuen widersetzt. Zum anderen darf man aber nicht verkennen, daß gerade die Art und Weise des Gießereibetriebes der Einführung einer exakten Selbstkostenrechnung sehr großen Widerstand entgegensetzt, was im Verlauf der Abhandlung deutlich werden wird. Bis auf wenige Ausnahmen wird in jeder deutschen Gießerei eine unübersehbare Menge verschiedener Modelle abgegossen. Es ist daher die Regel, daß die verschiedensten Materialien, Formmethoden und Maschinen in derselben Gießerei für gleiche und verschiedene Arbeiten verwendet werden und räumlich nicht voneinander getrennt sind. Ist es infolgedessen schon schwer, die Kosten für diese verschiedenen Arten der Fertigung zu erfassen, so ist es noch schwerer, sie zu verteilen.

Dies sind wohl auch die Gründe dafür, warum die einschlägige Literatur so wenig ergiebig ist. Aus der Unmenge von Aufsätzen, die besonders in den letzten Jahren entstanden sind, geht hervor, daß man einsieht, wie unvollkommen der gegenwärtige Stand der Gießereikalkulation ist; alle diese Aufsätze jedoch behandeln nur Teilgebiete, sind außerdem meistens von einem ganz bestimmten Gesichtspunkt und für eine bestimmte Betriebsart geschrieben und haben daher wenig oder keine allgemeine Gültigkeit. Größere Schriften für dieses Fachgebiet gibt es nur sehr wenig. Das äußerst scharfsinnige Buch von Leber, das in der extremen Forderung nach reiner Stückkalkulation gipfelt, läßt auf Kosten der Genauigkeit keine Möglichkeiten zu, das empfohlene Verfahren in die Wirklichkeit umzusetzen. In der Tat ist auch kein Werk bekannt, das diese Kalkulationsmethode anwendet, obwohl das Buch bereits 1910 erschienen ist. Dasselbe Verdienst wie Leber für die Theorie hat sich Seidel durch die Harzburger Druckschrift für die Praxis erworben. Die hier empfohlene Kalkulationsmethode ist einfach und hat, da sie allen Mitgliedern des Vereins Deutscher Eisengießereien, Gießereiverband zugänglich gemacht wurde, den großen Erfolg gehabt, viele Gießereileute von der Notwendigkeit einer genauen Selbstkostenerrechnung zu überzeugen. Im letzten Jahr sind auch in Amerika einige recht bemerkenswerte Veröffentlichungen erschienen, von denen ebenfalls im folgenden ausführlich die Rede sein soll.

Der Zweck der Arbeit ist eine Zusammenfassung und Kritik der vorhandenen Systeme. Gleichzeitig soll auf neue Wege und Möglichkeiten der Selbstkostenrechnung und ihre Anwendbarkeit in verschiedenen Betrieben hingewiesen werden. Im ersten Teil, „Die Kosten“, werden die Glieder der Selbstkostenrechnung nach ihrem Wesen und Vorkommen in den einzelnen Abteilungen einer Gießerei besprochen; im zweiten Teil wird gezeigt, wie man diese Glieder zu verschiedenen Systemen vereinigen kann, um eine Selbstkostenberechnung aufzustellen. Den dritten Teil endlich bilden Hinweise auf Vor- und Nachrechnung sowie Betriebskontrolle. Wenn auch diese Fragen im letzten Teil nicht unmittelbar mit dem Thema dieser Arbeit übereinstimmen, sondern nur Grenzgebiete und zum Teil betriebstechnischer, zum Teil kaufmännischer Natur sind, wurde es doch für notwendig gehalten, hier kurz darauf einzugehen, um darauf hinzuweisen, wie wichtig gerade diese Fragen für die Betriebsrechnung sind.

In der Hauptsache ist die ganze Frage mehr von der technischen als von der buchhalterischen Seite zu behandeln, insbesondere wenn man bedenkt, daß ja gerade die Verschiedenheit der Fertigung kein einheitliches und allgemeingültiges Schema zuläßt; beim Eindringen in dieses Gebiet zeigt sich immer mehr, wie notwendig gerade das technische Verständnis für die einwandfreie Beurteilung dieser Vorgänge in der Gießerei ist und daß es daher für einen Kaufmann fast unmöglich ist, den tatsächlichen Verhältnissen in der Selbstkostenrechnung gerecht zu werden. Aus diesem Grunde werden rein kaufmännische und Fragen der Verwaltung, des Einkaufs und Vertriebs so kurz wie möglich behandelt und mehr Wert auf die Selbstkosten des Betriebes gelegt.

I. Die Kosten.

A. Wesen und Ermittlung der wichtigsten Kosten.

1. Gemeinsame Kosten.

Unter gemeinsamen Kosten sind alle jene Kosten zu verstehen, die nicht unmittelbar nach ihrer Art oder Verwendung einer Kostenstelle oder gar einem Kostenträger zugeteilt werden können. Ihr wichtigstes Merkmal ist, daß sie erst mit Hilfe von Verteilungsschlüsseln umgelegt werden müssen. Aus dieser Art der Definition geht hervor, daß der Umfang der Gruppe dieser Kostenart bei verschiedenen Betrieben je nach dem Grad der Kontenunterteilung verschieden ausfallen wird. In der Hauptsache werden ganz allgemein dazu gehören

Abschreibungen, soweit sie sich nicht abteilungsweise umlegen lassen,
Zinsen,
Verwaltung,
Energiekosten (Kraft, Heizung, Licht).

Nicht alle von den genannten Kosten sind sog. erste oder Anfallkosten, so ist z. B. Verwaltung schon wieder ein Sammelbegriff für verschiedene Kosten, die allerdings nicht in allen Gießereien Sonderkonten haben: Gehälter, Versicherung, Ausfälle usw., Bureaumaterial, Bedienung usw. Es würde jedoch zu weit führen, hier ausführlich auf die einzelnen Kosten einzugehen. Dies ist nicht Aufgabe dieser Arbeit und in der Literatur bereits ausführlich behandelt (2)[1]. Es werden nur die Hauptbestandteile dieser Gruppe und ihre Verteilungsmöglichkeiten besprochen, soweit dies für das Verständnis in den folgenden Ausführungen nötig ist.

a) Abschreibung und Werterneuerung.

Die Gründe für die Abschreibungen und ihre Höhe können verschiedener Art sein. Sie sind notwendig zur Substanzerhaltung und richten sich in der Hauptsache nach der Lebensdauer der betr. Anlage. Nicht immer jedoch stimmt der Zeitraum, bis zu dem eine Maschine abgeschrieben sein muß bzw. ihr Wert wieder erhalten sein muß, mit der physischen

[1]) Die eingeklammerten Zahlen im Text entsprechen den Nummern des Literaturverzeichnisses.

Lebensdauer überein. Die Gründe für Entwertung können vielmehr verschiedenster Art sein, z. B. technischer Fortschritt, Konjunkturänderung usw. (2) S. 175ff. Auch auf die verschiedenen Methoden der Abschreibung soll nicht näher eingegangen werden. Es wird nur hier von der sich allgemein durchsetzenden Art der Abschreibung nach Lebensdauer und Wiederanschaffung die Rede sein. Im allgemeinen wird es sich empfehlen, die Abschreibungen zu unterteilen in solche für Gebäude und solche für maschinelle Einrichtungen, und ferner die Abschreibungen für die Anlagen des Materialwesens, der Fertigung und des Vertriebs zusammen zu fassen, damit sie durch den jeweils zutreffenden Zuschlag ohne weitere Umrechnung gedeckt werden können (47) S. 15. Wegen der großen Verschiedenheit der Abschreibungen für die einzelnen Betriebsabteilungen und Maschinen ist da, wo die Höhe und die Eigenart der Einrichtung es erfordert, eine Aufteilung auf Betriebsabteilungen, Maschinengruppen oder gar Maschinen vorzunehmen; z. B. werden die Abschreibungen für Gebäude diesen belastet, die Abschreibungen für Kupolöfen, Gebläse, Gichtaufzug der Schmelzanlage, solche für hochwertige Formmaschinen direkt den Maschinen bzw. Arbeitsplätzen.

Ebenso ist mit den sog. Werterneuerungskosten oder Wertberichtigungskosten zu verfahren. Sie dienen zu Zeiten schwankenden Geldwertes in der Hauptsache der Erhaltung der Substanz, wenn keine Goldrechnung eingeführt ist (2) S. 179ff. und (47) S. 15.

Diese Art Abschreibungen haben jedoch nichts mit jenen Abschreibungen zu tun, die aus Gründen der Bilanz vorgenommen werden (Mehrabschreibungen), über das notwendige Maß hinausgehen und daher auch keinen Platz in der Selbstkostenberechnung finden dürfen.

Die Abschreibungen bilden einen Hauptteil der sog. festen Kosten, d. h. sie sind von der Höhe der Fertigung unabhängig und werden sich bei Unterbeschäftigung um so fühlbarer machen, je mechanisierter die Anlage ist, d. h. je größer das in die Maschine und Einrichtung hineingesteckte Kapital im Vergleich zu den Fertigungslöhnen ist.

Über die prozentuale Höhe der Abschreibung läßt sich nichts allgemein Gültiges sagen, sie muß vielmehr von Fall zu Fall nach den oben angeführten Grundsätzen festgelegt werden. Es lassen sich jedoch ungefähr folgende nach Prozenten steigende Gruppen anführen (33), (47).

Gebäude und bauliche Anlagen	2 bzw. 3%,
Kupolöfen, Schmelzöfen, Kessel	10%,
Kraftmaschinen und Zubehör	10%,
Transporteinrichtungen, Wagen, Hebezeuge, Werkzeugmaschinen, Modelle, Formkasten.	20%,
Installation für Gas, Wasser, Elektrizität, Kleinapparate und Werkzeuge (Preßluftstampfer, Formerwerkzeuge usw.) . .	100%.

b) Zinsen.

Wir können im allgemeinen zweierlei Gruppen von Zinsen unterscheiden, 1. solche, die tatsächlich bezahlt werden müssen (Leihkapital), 2. solche, die man aus dem im Betrieb arbeitenden Kapital erhalten und infolgedessen den Selbstkosten zurechnen muß (Eigenkapital). Zur ersten Gruppe gehören Hypotheken und sonstige zinspflichtige Schulden, zur zweiten das in die Anlagen gesteckte Anlagekapital (investiertes Kapital) und dann das zur Durchführung des Unternehmens in Anspruch genommene Betriebskapital. Die Berechnung der ersten Gruppe ist selbstverständlich und braucht in diesem Zusammenhang nicht näher erörtert werden. Zur zweiten Gruppe ist zu erwähnen, daß man häufig der Meinung begegnet, die Zinsen des Eigenkapitals gehörten zum Reingewinn und seien infolgedessen aus diesem zu decken. In Wirklichkeit jedoch ist es notwendig, die handelsüblichen Zinsen für das eigene Kapital ebenso in der Selbstkostenberechnung aufzuführen wie für fremdes Kapital zu zahlende Zinsen. Das geht schon daraus hervor, daß man ja für dieses sein Kapital tatsächlich erhalten würde, wenn man es anderweitig und nicht in seinem eigenen Betriebe festlegte; daß also ein Nichteinrechnen dieser Zinsen einen Kapitalverlust darstellen würde. Bei der Berechnung der Zinsen für das Betriebskapital sollten Vorräte mit dem Marktwert, Fertigerzeugnisse eigener Herstellung mit den Selbstkosten eingesetzt werden (47) S. 16. Wir unterscheiden also kurz nochmals zusammengefaßt folgende Arten von Zinsen:

Zinsen für Leihkapital (tatsächlich bezahlt),
Obligationen und Hypotheken,
Investiertes Kapital,
Betriebskapital.

Bei der Verteilung der Zinsen ist es genau wie bei den Abschreibungen am allerwichtigsten, soviel wie möglich zu unterteilen. Mindestens ist es notwendig, die Gesamtsumme des Anlage- und Betriebskapitals für die einzelnen Betriebsabteilungen (Schmelzbetrieb, Formerei, Kernmacherei, Putzerei, Einkauf oder Materialwesen, Verkauf) getrennt festzustellen oder zu schätzen und die entsprechenden Zinsen auf diese Abteilungen zu verrechnen. Immer muß man aber eine Trennung in Einkauf, Betrieb und Vertrieb vornehmen. Als Verteilungsschlüssel gilt auch hier die Höhe des gesamten für die einzelnen Abteilungen aufgewendeten Kapitals.

c) Verwaltung.

Wir unterscheiden zweierlei Arten von Verwaltung: 1. die sog. Hauptverwaltung, bestehend aus Direktion, Verkauf usw., 2. die Betriebsverwaltung (Betriebsleitung, Lohnbureau, Kalkulationsbureau usw.). Punkt 1 wird verschieden aufzufassen sein, je nachdem, ob es sich um eine selbständige Eisengießerei oder eine Gießerei innerhalb eines größeren Werkes handelt. Im ersteren Fall ist die Erfassung der Hauptverwaltungskosten einfach, in letzterem Falle ist sie nur durch prozentuale Verteilung möglich. Die Verwaltungskosten bestehen im allgemeinen aus Gehältern, sozialen Aufwendungen für die Beamten (wie Versicherung, Krankenkasse, Kantine), Kosten für Bureaumaterial, Reklame, geschäftliche Wagnisse und Ausfälle, Repräsentationsgelder usw.

Die Verteilung der Verwaltungskosten kann nach verschiedenen Gesichtspunkten geschehen. Vor allen Dingen wird man versuchen, die gesamten Verwaltungskosten so weit wie möglich auf die Personalkosten umzulegen und auf Grund der Beschäftigung der Beamten diese Kosten weiter auf die einzelnen Abteilungen und Kostenstellen zu verrechnen. Besonders bei den Verwaltungskosten für den Betrieb wird sich dies in den meisten Fällen durchführen lassen. Die übrigen, auf diese Weise nicht aufteilbaren Kosten können nach folgenden Gesichtspunkten verteilt werden:

1. auf den Wert der Erzeugung,
2. auf das Gewicht der Erzeugung,
3. pro Auftrag,
4. als Zuschlag zu den Betriebsunkosten,

und zwar, indem man sie auf die verschiedenen Betriebe folgendermaßen verteilt:

a) entsprechend den Fertigungslöhnen,
b) entsprechend der Anzahl der Arbeitsstunden,
c) nach dem Umsatzwert der betr. Abteilung (36).

Zu 1 und 2 ist zu sagen, daß der Wert und das Gewicht des Stückes nur dann als Bezugsgröße genommen werden können, wenn keine Schwankungen dieser Werte innerhalb der Fertigung auftreten. Es gilt überhaupt der Grundsatz, daß man als Bezugsgrößen nur solche wählen soll, die möglichst wenig Schwankungen unterliegen.

Punkt 3, die Verrechnung der Verwaltungskosten pro Auftrag hat viel Anziehendes. Es ist jedoch unrichtig zu glauben, daß man die gesamten Verwaltungskosten auf den Auftrag verrechnen darf; denn eigentlich ist es nur zulässig, den Teil der Verwaltungskosten den Aufträgen zu belasten, der tatsächlich durch die organisatorische Arbeit, die die Aufträge im engeren Sinne verursachen, entstanden ist. Es käme also jener Teil der Verwaltungskosten in Frage, der durch das Ausschreiben der Materialkarten, Auftrags- und Akkordkarten, Laufzettel, Stücklisten entsteht. Diese gesamten „Auftragskosten" müßte man durch die Zahl der gesamten in derselben Zeiteinheit durch den Betrieb gegangenen Aufträge teilen und würde so die Kosten pro Auftrag erhalten. — Es ist zweifellos richtig, daß ein Gußstück aus einer Serie geringere Verwaltungskosten an Schreibarbeit und somit Schreibmaterial, Beaufsichtigung, Verrechnung und Abnahme erfordert, als eins, das nur einmal hergestellt wird. Je nach dem Grad der Organisation eines Betriebes wird nun die

Höhe der Auftragskosten gänzlich verschieden sein. Sie wird auch ferner von der Zahl der Aufträge abhängen. Jedenfalls aber wird eine solche Verrechnung ein wertvolles Mittel dafür sein, zu erkennen, um wieviel sich ein in Masse oder Serie hergestelltes Gußstück billiger machen läßt als ein Stück im Einzelauftrag. Über die Höhe dieser „Auftragskosten" läßt sich mit Bestimmtheit nichts allgemein Gültiges sagen. In einem besonderen Falle, in dem dieses Verfahren durchgeführt wurde, betrugen die „Auftragskosten" ungefähr 25% der gesamten Verwaltungskosten (53).

Zu 4 ist zu bemerken, daß es nicht immer ratsam ist, die Verwaltungskosten in ihrer Gesamtheit auf die Betriebskosten umzulegen, soweit sie nicht unmittelbar mit dem Betrieb zusammenhängen, wie schon oben ausgeführt. Man muß dabei von der Überlegung ausgehen, daß die Betriebsrechnung nicht zum wenigsten dazu dient, festzustellen, wie die Betriebe untereinander arbeiten und wie ihr Wirkungsgrad und ihre Leistung sich verändern. Wenn man nun auf Grund willkürlich gewählter und geschätzter Verteilungsschlüssel die Verwaltungskosten auf die Betriebsabteilungen umlegt, so wird dadurch das Bild der Abteilungskosten zum mindesten getrübt. Es empfiehlt sich, den unverteilbaren Teil der Verwaltungskosten nach denselben Grundsätzen, wie unter 1 und 2 angegeben, auf die Fertigerzeugnisse umzulegen.

d) Energiekosten.

Zu den Energiekosten sind zu zählen die dem gesamten Werk oder einzelnen Betrieben gemeinsamen Aufwendungen für eigene oder fremde Kraft, Licht, Wasser, Preßluft usw. Beim Bezug fremder Energie wird man die von auswärts in Rechnung gestellten Energiekosten einsetzen können. Wenn die Energie im eigenen Betriebe erzeugt wird, sind für diese Erzeugungsanlage eigene Selbstkostenrechnungen aufzustellen und den verbrauchenden Betrieben zu belasten. Wie weit sich diese Verteilung nun vornehmen läßt, hängt im wesentlichen von der Art des Verbrauches und dem Vorhandensein geeigneter Meßinstrumente ab. Fehlen jedoch diese Meßinstrumente, wie z. B. Ampèremeter, Wattmeter, Gasuhr, Wassermesser, so wird man die Verteilung dieser Kosten annäherungsweise schätzen müssen; z. B. den Verbrauch an Wasser nach der Anzahl der Zapfstellen, Lichtverbrauch nach Anzahl und Beleuchtungsstärke der Lampen, Kraftverbrauch nach Anzahl und Größe der Maschinen, Stromkosten für Kräne und sonstige Kraftkosten für Transport, wie Elektromotore und Benzinlokomotiven nach ihrer Inanspruchnahme durch die verschiedenen Abteilungen. Bei der Verteilung der Kosten für die Heizung kann man wohl bei Dampfheizung noch mit Messern arbeiten oder nach der Zahl der Heizkörper verteilen; im allgemeinen wird es sich jedoch auch bei Dampfheizung wie bei Heißluft, Koksöfen usw. empfehlen, die Grundfläche oder den Rauminhalt der zu heizenden Räume als Verteilungsschlüssel der gesamten für die Heizung aufgewendeten Kosten zu nehmen. Bei Heizung im besonderen wäre noch zu bemerken, daß es nicht angängig ist, die Auslagen monatlich zu verrechnen, da nicht einzusehen ist, daß die Auslagen für die Heizung nur im Winter die Erzeugung verteuern sollten. Dasselbe wird später noch von den Urlaubsgeldern zu sagen sein.

Bei der Umlegung der Kraftkosten insbesondere wird man die Verteilung soweit wie möglich vornehmen. Dies wird besonders notwendig sein bei Formmaschinen, die viel Kraft verbrauchen und nach Arbeitsweise und Erzeugung eine vollständig eigene Verrechnung zulassen. Es ist dann notwendig, die Einheit des Kraftverbrauches auf diese Arbeitsplätze pro Stunde zu erhalten, wovon noch später die Rede sein wird.

2. Löhne.

Man unterscheidet grundsätzlich zweierlei Arten von Löhnen:

1. Haupt-, Fertigungs-, unmittelbare, direkte oder Einzellöhne (früher auch Produktivlöhne genannt);

2. Neben-, Hilfs-, Unkosten-, mittelbare, indirekte Löhne (unrichtig häufig mit „unproduktiven Löhnen" bezeichnet).

Im allgemeinen werden unter der ersten Kategorie, die in Zukunft „Fertigungslöhne" genannt werden soll, die Löhne für das Formen, Kernmachen und Putzen der Gußstücke verstanden. Das grundlegende Unterscheidungsmerkmal zwischen dieser und der zweiten Gruppe, den Hilfslöhnen, ist jedoch die Verrechnungsmöglichkeit. Während unter Fertigungslöhnen all die Löhne zu verstehen sind, die man ohne weiteres einzeln auf besondere Aufträge bzw. Gußstücke verteilen und verbuchen kann, müssen die Hilfslöhne erst in einer besonderen Zusammenfassung auf verschiedene Betriebskonten, z. B. Lagerverwaltung, Schmelzkosten, Fertigungsbetriebe, Abnahme usw., verteilt und umgelegt werden und können erst mit Hilfe von prozentualen Zuschlägen zur endgültigen Verrechnung herangezogen werden. Der Begriff der Fertigungslöhne macht also nicht bei den gelernten Arbeitern oder Akkordarbeitern halt, sondern oftmals werden auch Hilfsarbeiterlöhne als Fertigungslöhne anzusprechen sein, wenn sie für besondere Aufträge verwandt und als solche klar erkenntlich sind. Ebenso können umgekehrt Löhne von Facharbeitern bzw. im Akkord ausgeführte Arbeitslöhne unter die Kategorie Hilfslöhne fallen, wenn sie für Arbeiten innerhalb des Betriebes (sog. Werkaufträge) verrechnet werden. Bei dem letzten Fall ist allerdings Voraussetzung, daß solche Aufträge nicht wie Kundenaufträge behandelt und erst nach der Abrechnung den Konten der belieferten Betriebe bzw. Betriebsabteilungen belastet werden.

Soweit besteht wohl in allen Verrechnungsarten Einheitlichkeit. Die Meinungen gehen nur darüber auseinander, ob man bei der Einzelrechnung die wirklich für das Stück verbuchten Fertigungslöhne diesem Stück belasten muß, oder ob man andere Werte dafür heranziehen kann. Man muß da wohl grundsätzlich trennen zwischen Vor- und Nachrechnung. Während die Vorrechnung in der Hauptsache den Zweck hat, den Verkaufspreis eines Stückes zu bestimmen, ist es die Pflicht der Nachrechnung, die tatsächlich aufgewendeten Kosten so genau wie möglich zu erfassen. Man wird also bei der Nachrechnung die unmittelbar für das Stück aufgewendeten Fertigungslöhne einzusetzen haben. Bei der Vorrechnung wird dies — abgesehen von der Tunlichkeit — aus rein praktischen Gründen nicht immer möglich sein, weil man in den seltensten Fällen genau wissen wird, von welchem Arbeiter und auf welchem Platz dieses Stück angefertigt wird. Man wird daher im allgemeinen einen Lohndurchschnitt nehmen, der sich auf einen Monat oder auf einen längeren Zeitabschnitt erstreckt und aus den Sammelzahlen der Löhne und den in derselben Zeit aufgewendeten Fertigungslohnstunden der betreffenden Abteilung oder Unterabteilung für diesen Zeitabschnitt gewonnen ist. Die zweckmäßigste Art dieser sog. Verrechnungslöhne wird also unabhängig von der Tarifklasse des betr. Arbeiters einen Durchschnitt für den Arbeitsgegenwert bieten.

Es ist ferner eine Streitfrage, ob alle unmittelbaren, durch die Lohnverrechnung und mit den Löhnen entstehenden Kosten, also z. B. soziale Aufwendungen, Versicherungen, Krankenkasse, sanitäre Einrichtungen, Lohnbureau, Urlaubsentschädigung, Kontrolleinrichtungen usw., den Löhnen direkt zuzuschlagen seien als sog. „Löhnungskosten" und als solche bereits in den Fertigungslöhnen erscheinen sollen. Die Frage ist unbedingt zu bejahen, wenn man Wert auf ein genaues Bild der Kostenverhältnisse und Kostenanteile legt. Praktisch wird es nicht nötig sein in solchen Betrieben, bei denen diese genannten Kosten zwar nicht unmittelbar zu den Löhnen geschlagen und mit eingerechnet, jedoch später durch die Art der Zuschlagsverrechnung letzten Endes prozentual in Form von Lohnzuschlägen aufgeteilt werden. Dies wird aber in den wenigsten Betrieben der Fall sein. Nicht alle Systeme sehen Unkostenzuschläge nur auf die Fertigungslöhne vor; da aber die sog. Löhnungskosten von allen Löhnen, also auch von den Hilfslöhnen getragen werden müssen, wird diese Art der Löhnungskostenverrechnung nicht einwandfrei sein, wenn die dadurch entstandenen Fehler auch nicht sehr groß sind. Man müßte also, um folgerichtig vorzugehen, die Löhnungskosten sammeln und auf die gesamten in derselben Zeiteinheit aufgelaufenen Löhne verteilen. Je nach der Verrechnungsart des Betriebes wird man dann vorteilhaft entweder eine „Stundeneinheit" oder eine „Arbeitseinheit" errechnen. Bei den Hilfslöhnen werden die so gewonnenen Werte noch weiter umgelegt, bei den Fertigungslöhnen finden sie sowohl in der Vor- als auch in der Nachrechnung unmittelbare Anwendung. Während jedoch die Vorrechnung die Löhne unter Zusammenfassung in Lohngruppen oder als Gesamtlohnsumme verwendet, sind bei der Nachrechnung die genauen Summen der Löhne für die einzelnen Arbeiter an Hand der Lohnzettel einzusetzen, so zwar, daß z. B. die vorausberechnete sog. Akkordbasis oder Akkordzeit mit der betr. Lohnverrechnungseinheit zu multiplizieren ist. Eine solche Verrechnung der Fertigungslöhne zeigt die Akkordkarte Abb. 1. Die Trennung in verschiedene Abteilungen wird je nach der Größe des Betriebes und der Art der Genauigkeit der Selbstkostenrechnung verschieden sein.

Bei der genauen, oben beschriebenen Ermittlung dieser Lohnverrechnungszahlen müßte man etwa folgendermaßen vorgehen:

Man nimmt einen bestimmten Zeitraum, aus dem die Mittelzahlen gewonnen werden sollen. Dieser Zeitraum wird je nach Art, Größe und

Std.-Lohnsatz :	Arb.-Nr.	
Akkordbasis		Woche Nr. ......
Durchsch. Std.-Verd.	Name :	

Modell Nr.	Gesamt-Arbeitszeit				Zahl d. abg. gut. Stücke	Akkord-Vorschuß insges.			Gesamt-Akkord				Lohn Betrag		Zuschl. für Üb. Zeit	
	Akkord		Lohn						Zeit		Betrag					
	Std.	Min.	Std.	Min.		+ −	Std.	Min.	Std.	Min.	Mk.	Pf.	M.	Pf.	Mk.	Pf.
....																
....																
....																
....																
....																
Zusammen																

= Ges.-Std.

Geprüft :

Hiervon:

Normal- Std. ....
Mittag- „ ....
Über- „ ....
Nacht- „ ....
Sonntag- „ ....

+ Werkzeuggeld Mk. ....

= Ges.-Betrag

Mk. ....

Abb. 1. Akkordkarte.

Umsatz des Betriebes verschieden groß sein. Er wird im allgemeinen mit der Größe des Betriebes kleiner werden, da bei kleineren Betrieben gewisse Auslagen nur in größeren Zeitabschnitten auftreten und man also Halbjahres- oder Jahresabschnitte wählen muß. Immer werden jedoch zu Urlaubsverrechnungen Jahresabschnitte notwendig sein. Um also zum Beispiel den Anteil der Arbeiterkantine an den Löhnungskosten zu bestimmen, wird man den gesamten in dieser Zeit anfallenden Betrag an Ausgaben für die Arbeiterkantine durch die Zahl der beschäftigten Arbeiter teilen. Richtiger wäre eigentlich die Verteilung auf Arbeitsstunden. Dieses Verfahren wird jedoch umständlich, und das erstere bietet annähernde Genauigkeit. Auf ähnliche Art wird der Urlaubszuschlag bestimmt. Zunächst muß man die Zahl der Arbeiter feststellen, die Urlaub beanspruchen können und diese nach Lohngruppen einteilen. Sodann wird man unter Zugrundelegung der Durchschnittslöhne und sozialen Aufwendungen die Gesamtaufwendung für Arbeiterurlaub errechnen und durch die Arbeiterzahl teilen. Wenn große Unterschiede in den einzelnen Abteilungen in der Höhe der Urlaubsausgaben dadurch entstehen, daß höher qualifizierte Arbeiter mehr Urlaubsanspruch haben, dann wird man gut tun, die Urlaubsausgaben getrennt auf die einzelnen

Es haben nach Tarif Urlaubsanspruch:

Zahl	Jahre in der Fabrik	Urlaubstage je	Urlaubstage im ganzen	Gel. u. angel. Arbeiter	Gußputzer	Hilfsarbeiter

	Im Jahr	Im Monat	1 Arbeiter
Gelernte und angelernte Arbeiter			
Gußputzer			
Hilfsarbeiter			
Zusammen:			

Abb. 2. Ermittlung des Urlaubszuschlages.

Abteilungen oder nach einzelnen Kategorien einzusetzen wie in vorliegendem Beispiel auf Abb. 2. Durch die getrennte Verrechnung der gesamten Löhnungskosten auf die Löhne der einzelnen Abteilungen werden die in diesen Abteilungen entstandenen Löhnungskosten umgelegt, wie auf Abb. 3 zu ersehen ist.

Die Fertigungslöhne dienen, wie schon oben erwähnt, meistens auch als Bezugsgröße für weitere Kostenzuschläge. Auch hier wieder tritt die Frage auf, ob die aus bestimmten Zeitabschnitten gewonnenen Zuschläge bei der Einzelrechnung auf die tatsächlich aufgewendete oder aufzuwendende Lohnsumme, Arbeitszeit oder durchschnittliche Verrechnungsgröße zu schlagen sei. Auch dies wird häufig erst in zweiter Linie eine Frage der absoluten Richtigkeit, in erster Linie aber eine Frage der Verrechnungsmöglichkeit infolge der Betriebsbuchhaltung und des vorhandenen Zahlenmaterials sein. Es ist z. B. in verschiedenen Betrieben, im Gegensatz zu vorliegender Akkordkarte, üblich, auf die Akkordkarte bzw. Auftragskarte nicht die aufzuwendende oder vorausberechnete Arbeitszeit, sondern eine feste Lohnsumme (Stückakkord) einzutragen.

	Gelernte Arbeiter				Angelernte Arbeiter			
	Former	Schlosser	Maurer	Kranführer	Kernmacher	Schmelzer	Gußputzer	Hilfsarbeiter
Anzahl								
Stundendurchschnitt								
Monatsdurchschnitt								
Ausbezahlt								
Kantine								
Waschraum								
Urlaubszuschlag								
Krankenkasse und Invalidenversicherung								
Zusammen								
Gesamtdurchschnitt pro Stunde								
Abteilung								

Abb. 3. Ermittlung der Lohnverrechnungszahlen.

Diese wird oft bei den gleichen Stücken je nach Arbeiter, Arbeitsplatz, Maschine usw. verschieden hoch ausfallen, während die durch die Zuschläge zu erfassenden Unkosten annähernd gleich bleiben, oder mindestens mit anderen Faktoren veränderlich sind. Während also die theoretisch richtige Zuschlagsgrundlage die bezahlte Leistung oder Arbeitszeit (Lohnstunde) ist, kann in manchen Fällen eine solche Berechnung infolge der großen Schwierigkeiten und Mehrarbeit durch das Eintragen der Fertigungszeiten auf die Verrechnungskarte die Leistung bzw. die Stückzeit nicht als Bezugsgröße gewählt werden.

Besonders zu erwähnen wäre noch, daß bei kleinen Gießereien, in denen der Besitzer selbst mitarbeitet, er auch seine Arbeit wie die der anderen Arbeiter in die Rechnung einsetzen muß; hier ist dasselbe zu sagen wie bei den Zinsen (S. 5). Genau so wie der Betrieb die Zinsen des investierten Kapitals aufbringen muß in derselben Höhe, wie man es anderweitig verzinst bekäme, muß auch der im Betrieb mitarbeitende Besitzer seine Arbeitskraft so bewerten, als wenn er nur Angestellter seines Werkes wäre.

Im allgemeinen können wir drei Stufen der Lohnverrechnung unterscheiden: ursprünglich einfache Betriebe mit unendlich vielen und verschiedenen Stücken — Stundenlohn; in der Hauptsache keine besondere Verrechnung der Fertigungslöhne auf das Stück, da weder von seiten des Werkes noch von seiten des Arbeiters besonderes Interesse an der genauen Kenntnis der Stückzeit besteht. Später fortschreitende Verbesserung der Betriebseinrichtungen; Steigerung der Löhne Hand in Hand mit Fortschreiten in der Organisation führt zur Einrichtung der Akkordlöhne und Stückakkorde. Die Fertigungslöhne pro Stück sind dadurch ohne weiteres kenntlich und leicht verrechenbar. Endlich Einführung der Massen- und Serienfabrikation, Gruppenakkorde und durch zwangläufige Fabrikationsweise — Wiedereinführung des Zeitlohnes. Im letzten Falle schädigen die Nachteile der Zeitlohnverrechnung jedoch die Gesamtselbstkostenberechnung nicht, da bei stets gleichbleibender Produktion auch die Produktionskosten nicht mehr einzeln verrechnet zu werden brauchen, sondern der Schwerpunkt der Selbstkostenberechnung auf die Betriebsstatistik und Erfolgskontrolle verlegt ist.

Die Löhne bilden einen wichtigen Bestandteil der Selbstkosten; allein die Fertigungslöhne betragen 20—50% der Einzelkosten eines Gußstückes. Außerdem sind sie Träger eines großen Teiles der Unkosten. Man hat daher das größte Interesse daran, die Höhe der Fertigungslöhne nicht nur genau zu erfassen, sondern auch die Fertigungszeiten genau zu ermitteln. Preisunterschiede bei den Gestehungskosten gleichartiger Gießereien, die bei weitem das Maß der Produktionsunterschiede überschreiten und dem Fachmann unverständlich sind, sind stets darauf zurückzuführen, daß die Akkorde ungleichmäßig festgesetzt sind. Es ist daher notwendig, wenn auch nicht unmittelbar zum Thema gehörig, kurz auf die Art der Akkordbestimmung in Gießereien einzugehen. Man unterscheidet dreierlei Arten von Akkordbestimmungen (19), und zwar:

1. Akkordfestsetzung nach Gewicht,
2. durch den Meister,
3. durch Akkordvorbereiter.

1. kommt nur für geometrisch gleiche Stücke und Massenartikel in Betracht und stellt die roheste Form der Akkordfestsetzung dar. Anhaltspunkte und Tabellen darüber finden sich bei Leber (3) und Messerschmidt (4). Bei der Bestimmung durch den Meister kommen ver-

schiedene Momente in Betracht, die die Höhe des Akkordes beeinflussen. Am sichersten wird diese Art der Bestimmung noch sein, wenn es sich um Akkorde bereits gefertigter Stücke handelt, da die Nachkalkulation über den bereits gezahlten Akkordlohn Auskunft geben kann. Immerhin hat man keine Sicherheit, daß der Meister auch die vorhandenen Unterlagen benutzt. Bei Festsetzung von Akkordlöhnen für in Arbeit befindliche Stücke kann man häufig beobachten, daß der Meister abwartet, wie lange die Arbeit zu dauern verspricht. Es wäre dies eine andere Methode von Zeitstudien, wenn der Meister außerdem nichts anderes zu tun hätte. Da er aber außer der Angabe von Akkorden noch die Überwachung der Arbeitsweise, Verteilung der Arbeit, Durchführung von Verbesserungen, Verhandeln mit dem Betriebsrat, Aufsicht beim Formen und Gießen und anderes mehr zu tun hat, ist es ausgeschlossen, daß er eine solche Arbeit dauernd beobachten kann. Dadurch ist dem sog. „Akkordschieben" Tür und Tor geöffnet; d. h. der Arbeiter wird versuchen, in der unbeaufsichtigten Zeit andere Arbeiten zu verrichten oder überhaupt die Arbeit zu verlangsamen, damit er in Zukunft bei gleichen und ähnlichen Stücken gute Verdienste erzielen kann. Hat jedoch der Meister Akkorde von Stücken zu bestimmen, deren Ausführung bisher nicht erfolgte, dann ist überhaupt keine Gewähr für einigermaßen richtige Festsetzung gegeben. Er muß die Akkorde an Hand von Zeichnungen und Modellen bestimmen und sich dabei ausschließlich auf Erfahrung und Gedächtnis verlassen. Die Schwierigkeit wächst, wenn die Akkordfestsetzung in allerkürzester Zeit erfolgen muß. Die häufige Folge dieser Methode ist, daß er solche Modelle liegen läßt und dadurch Terminverzögerungen und andere Unannehmlichkeiten für den Betrieb eintreten.

Es lassen sich noch viele andere Gründe für die Unzuträglichkeiten in solchen Betrieben anführen. In klarer Erkenntnis dieser Tatsache haben sich moderne Betriebe besondere Beamte erzogen, die sog. „Akkordvorbereiter". Sie haben die Aufgabe, die Festsetzung von Akkorden durch Unterteilung der Arbeitsvorgänge und Zeitbestimmung der Teilarbeiten sowie durch praktische Zeitstudien einwandfrei vorzunehmen. Vorausbedingung ist jedoch, daß entweder alle Nebenarbeiten, z. B. Heranschaffen von Rohstoffen usw., ausgeschaltet oder die hierfür aufgewendeten Zeiten ebenfalls gemessen und einbezogen werden. Der Grad der Unterteilung des Arbeitsvorganges ist eine Frage der Wirtschaftlichkeit. Man wird bei Massenfabrikation die Unterteilung so weit wie möglich treiben und bei Einzelfabrikation die Zeitstudien so einfach wie möglich machen. Man wird jedoch auch in der Einzelfabrikation bei einem solchen Verfahren mit der Zeit brauchbare Anhaltspunkte bekommen, wenn man bei gleichen Gußarten verschiedene Größen und Gewichte untersucht, diese Werte auf Kurvenblätter aufträgt und die dazwischenliegenden, nicht gemessenen Werte durch Interpolation gewinnt.

Es ist hier nicht am Platze, auf Einzelheiten dieses Gebietes einzugehen, das in der Psychotechnik seine wissenschaftliche Durchdringung gefunden hat. Der Verein Deutscher Eisengießereien ist in Verbindung mit dem Reichsausschuß für Arbeitszeitermittlung dabei, einheitliche Richtlinien für die Zeitstudien in Gießereien aufzustellen.

3. Material.

Wir unterscheiden ebenso wie bei den Löhnen

1. Haupt-Fertigungsmaterial,
2. Neben-Hilfsmaterial.

Als Fertigungsmaterial kommt in der Gießerei ausschließlich das Eisen bzw. der „Einsatz" in Betracht, als Nebenmaterial sämtliche zum Formen und Kernmachen usw. benötigten Hilfsstoffe. Neben dieser Zweiteilung zerfallen die Kosten für das ganze Material wiederum in zwei Gruppen, und zwar 1. in die eigentlichen, unmittelbaren Materialkosten (direkte Materialkosten); 2. in die mittelbaren, d. h. alle mit der Herbeischaffung und Lagerung des Materials verbundenen Kosten (indirekte Materialkosten). Bei den meisten zur Zeit angewendeten Verrechnungsmethoden werden nur die direkten Materialkosten (die sog. Marktpreise) höchstens einschließlich der Fracht direkt auf das Material verrechnet, während die sog. indirekten oder mittelbaren Materialkosten zu den Generalunkosten, Handlungsunkosten, geschlagen werden (4, 7, 46). Ein solches Verfahren ist jedoch ungenau und trägt nicht dazu bei, die Überprüfung der Leistungsfähigkeit der einzelnen Abteilungen zu erleichtern, wovon unter „Einkauf" noch gesprochen wird. Bei der idealen Materialpreisverrechnung muß folgendermaßen vorgegangen werden (2) S. 50:

Man ermittelt die sog. unmittelbaren Materialkosten, d. s. also diejenigen, die sich ohne weiteres auf einen bestimmten Materialeinkauf, eine bestimmte Materialsorte usw. verrechnen lassen:

Einkaufspreis,
Frachten,
Versicherung,
Zölle,
Anfuhr, soweit dies nicht von eigenem Beförderungsmittel besorgt wird.

Die mittelbaren (indirekten) Kosten sind:

Einkaufsbureau (Gehälter, Bureaumaterial usw.),
Transportkosten,
Materiallager und -verwaltung,
Kraft, Licht, Heizung,
Abschreibungen und Verzinsung,
Feuerversicherung usw.

Der Materialpreis wird ermittelt, indem man zu den unmittelbaren Kosten mit Hilfe eines Zuschlagfaktors die mittelbaren schlägt. Dieser

Faktor wird gefunden aus der Vergleichsetzung zwischen dem Wert der unmittelbaren zu der Summe der mittelbaren Kosten in der Zeiteinheit. Also

$$E = \text{unmittelbare Materialkosten} \cdot \text{Zuschlagsfaktor } e,$$

wobei

$$e = \frac{\text{Summe der mittelbaren M.K.}}{\text{Summe der unmittelbaren M.K.}} \text{ in der Zeiteinheit.}$$

Die so erhaltenen Preise für die Materialien sind dann von der Einkaufsabteilung dem Betrieb in Rechnung zu stellen, d. h. es müssen mit diesen Summen diejenigen Abteilungen oder Kostenstellen belastet werden, in denen das betr. Material verbraucht wird; z. B. mit Roheisen, Koks (zum Teil), Einsatzmaterial wie Feldspat, EK-Pakete usw. das flüssige Eisen; mit Sand, Graphit, Formpuder usw. die Sandformerei; mit Lehm und zugehörigen Bindemitteln die Lehmformerei; mit Putzsand, Schleifscheiben und sonstigen Putzmitteln die Gußputzerei. Aus den bisherigen Ausführungen geht klar hervor, daß eine solche Unterteilung sehr große Vorteile mit sich bringt und unschwer vorzunehmen ist, vorausgesetzt, daß die dabei anfallenden Summen eine solche Unterteilung überhaupt lohnen bzw. ob der Betrieb nicht zu klein ist, um eine so weitgehende Arbeitsteilung vorzunehmen. Es wäre beispielsweise unsinnig, für die Abteilung Einkauf eine solche besondere Verrechnung einzuführen, wenn die Arbeit des Einkäufers, Lagerverwalters, Betriebsleiters usw. in einer Person vereinigt ist. In so kleinen Betrieben wird man besser tun, diese mittelbaren Materialkosten in die Handlungsunkosten bzw. Betriebsunkosten hereinzunehmen.

B. Anteil und Verrechnung der Kosten in den einzelnen Abteilungen.

1. Einkauf.

Die Aufgabe der Einkaufsabteilung ist Beschaffung und Lieferung des Materials für die verbrauchenden Betriebe. Sie umfaßt also alle Kosten, die von der Bestellung der verschiedenen Materialien bis zu ihrer Ablieferung an die Betriebsabteilung entstehen und teilt sich demgemäß in Kosten für:

1. Einkaufsbureau,
2. Transport,
3. Rohmateriallagerung und Hofverwaltung.

Es empfiehlt sich, diese Abteilung von der übrigen Verwaltung abzutrennen, weil es nur auf diese Weise möglich ist, die tatsächlichen Kosten für das Material (wie unter „Material“ bereits ausführlich geschildert) zu ermitteln. Man kann sonst nur die direkten Materialkosten in Rechnung stellen und hat so keine Gewähr dafür, ob der Einkaufsapparat auch tatsächlich einwandfrei und wirtschaftlich arbeitet. Auch wird man niemals nachprüfen können, ob die Erzielung niedriger Einkaufspreise auch tatsächlich mit einem Gewinn für das Werk verbunden ist, weil der Erfolg der Einkaufsabteilung erst dann übersehen werden kann, wenn man die mit dem Einkauf und der Lagerung verbundenen Kosten zu den tatsächlich unmittelbar aufgewendeten Kosten in Beziehung setzt. Wie schon oben ausgeführt, wird sich eine solche Verrechnung jedoch nur dann rentieren, wenn die Größe des Betriebes und die damit entstehenden Kosten einen solchen Mehraufwand an Organisation rechtfertigen.

Bis jetzt ist die Abtrennung des Einkaufs bis auf wenige Ausnahmen (3, 52) in Gießereien nicht eingeführt, außer bei solchen Gießereien, die im Verbande einer größeren Maschinenfabrik gleichzeitig mit dieser einen abgeteilten Einkauf haben, der den einzelnen Fertigungsbetrieben das Material belastet. Wenn eine solche Abtrennung des Einkaufs nicht eingeführt ist, dann muß man mindestens diesen Teil der Verwaltungs- oder Generalunkosten mit Hilfe von Gewichtszuschlägen auf das Gußstück umlegen, da sowohl Haupt- als auch Nebenmaterial viel weniger von anderen Größen (Lohn, Lohnstunden, Oberfläche usw.) abhängen, wovon noch später die Rede sein wird.

2. Betrieb.

a) Schmelzerei.

Die Aufgabe der Schmelzerei ist die Umwandlung des Rohmaterials, das man hier „Einsatz“ nennt, in das sog. „flüssige Eisen“. Bevor jedoch vom Schmelzen und den damit verbundenen Kosten gesprochen wird, sollen zwei Kostenträger behandelt werden, die zum weiteren Verständnis der Berechnung des flüssigen Eisens nötig sind: Abfall und Ausschuß.

Abfall.

Unter Abfall versteht man im allgemeinen den Abgang an Trichtern, Läufen und verlorenen Köpfen. Alles dieses ist notwendig, um ein einwandfreies Gußstück zu erzielen und es ergibt sich daraus naturgemäß, daß die Größe des Abfalls bei den einzelnen Gußstücken im Verhältnis zu ihrem Gewicht verschieden ausfällt, und zwar aus Gründen, die hier aufzuzählen überflüssig sind, da sie als bekannt vorausgesetzt werden und außerdem aus dem Rahmen dieser Arbeit fallen.

Es ist also zur Fertigstellung eines Gußstückes nötig, einen Aufwand an Material und Arbeit zu leisten, der später durch Fortfall des Abfalles unsichtbar wird und an Fertigstücken nicht mehr erkennbar ist. Da es nun allgemein üblich ist, alle entsprechenden mit der Herstellung des flüssigen Eisens verbundenen Unkosten auf das Material — in diesem Falle also das flüssige Eisen — zu verrechnen, kommt noch ein Zuschlag an Unkosten bzw. Schmelzkosten zu diesem reinen Materialverlust. Dabei ist jedoch zu berücksichtigen, daß der Abfall entweder in der Gießerei selbst als Schmelzgut an Stelle von Gußbruch wieder verwendet wird, oder im Falle von Überschuß an Abfall über den eigenen Verbrauch des Schmelzgutes verkauft wird, und zwar im allgemeinen zum Gußbruchpreise. Es ist also notwendig, den Gußbruchwert des Abfalles von den oben angegebenen Verlusten abzuziehen; der so erhaltene Betrag muß jedoch unbedingt in Rechnung gestellt werden.

Die Meinungen darüber, wie dieser Abfall zu verrechnen sei, gehen sehr stark auseinander. Früher konnte man häufig beobachten, daß der Abfall überhaupt nicht in Rechnung gestellt, sondern ganz einfach sämtliche Kosten für Material und Schmelzen auf den ausgebrachten Guß bezogen wurden und der so erzielte Durchschnittskilopreis als Unterlage für die weitere Kostenaufstellung diente. Es gibt ferner Verrechnungsmethoden, nach denen der Abfall einfach zu den Unkosten eines Betriebes geschlagen wird. Messerschmidt (4) glaubt dies dadurch genau genug zu erreichen, daß er die Schmelzkosten für das Ausbringen an reiner Gußware um die Schmelzkosten des Gesamtabfalls besonders erhöht, während es Mehrtens (9) genügt, den Bruchwert des Abfalls vom Einheitswert des Gesamtgewichtes abzuziehen. Alle vier genannten Verrechnungsarten unterscheiden sich nur durch die Methode, während das Resultat das gleiche ist: die durch den Abfall entstehenden Unkosten werden gleichmäßig auf die Gewichtseinheit verrechnet, unbekümmert, ob es sich um große oder kleine, einfache oder schwierige Gußstücke handelt.

Dabei bleibt jedoch völlig unberücksichtigt, daß der Abfall jedem Gußstücke eigen und im Gewicht außerordentlich verschieden ist. Auf diese Tatsache hat zuerst Winkler (7) und später Leber (3) hingewiesen. „Bei der Berechnung des Eisenwertes für ein Gußstück spielt der Abfall eine nicht unbedeutende Rolle, und daß die durch den Abfall bedingten Kosten vom Stück getragen werden müssen, unterliegt keinem Zweifel, denn der besondere Charakter des Gußstückes bedingt ja die Stellen, die der Bildung von Blasen, Lunker und Porositäten und sonstigen Undichtigkeiten günstig sind, zu deren Bekämpfung man Trichter und Köpfe anbringt; er bedingt also auch den Abfall. Da aber für das Abfalleisen ebensogut Schmelzkosten aufgebracht werden müssen, wie für das Eisen des Stückes selbst, so beeinflussen diese Kosten den Hundertkilopreis des Stückes um so mehr, je größer das Abfallgewicht ist, das dem Stückgewicht gegenübersteht."

Aus dieser Tatsache der Verschiedenheit der Abfallgewichte auf das Stück bezogen, zeigt sich die Notwendigkeit, dieser Verschiedenheit bei der Kalkulation Rechnung zu tragen, zumal der Abfall bei der Bestimmung des Eisenwertes pro Stück wie gesagt eine nicht unbedeutende Rolle spielt. Abfälle von 200% des Fertiggewichtes sind gar keine Seltenheit; ja es gibt sogar Gußstücke, bei denen man mit 400% Abfall rechnen muß. Es liegt nahe zu versuchen, ob sich nicht die Größe des Abfalls in eine gesetzmäßige Beziehung zu einer am Gußstück bekannten Größe bringen läßt, was die individuelle Verrechnung bedeutend erleichtern würde und gleichzeitig der Eigenart des Gußstückes Rechnung trägt, ohne die Nachteile einer stückweisen Bestimmung des Abfalles. Man kommt bei solchen Überlegungen zu dem Ergebnis, daß innerhalb eines kleinen Intervalles einer nach ansteigendem Gewicht geordneten Gruppe von Gußstücken der Abfall als in seinen Größen gleich angesehen werden kann. Daher wird

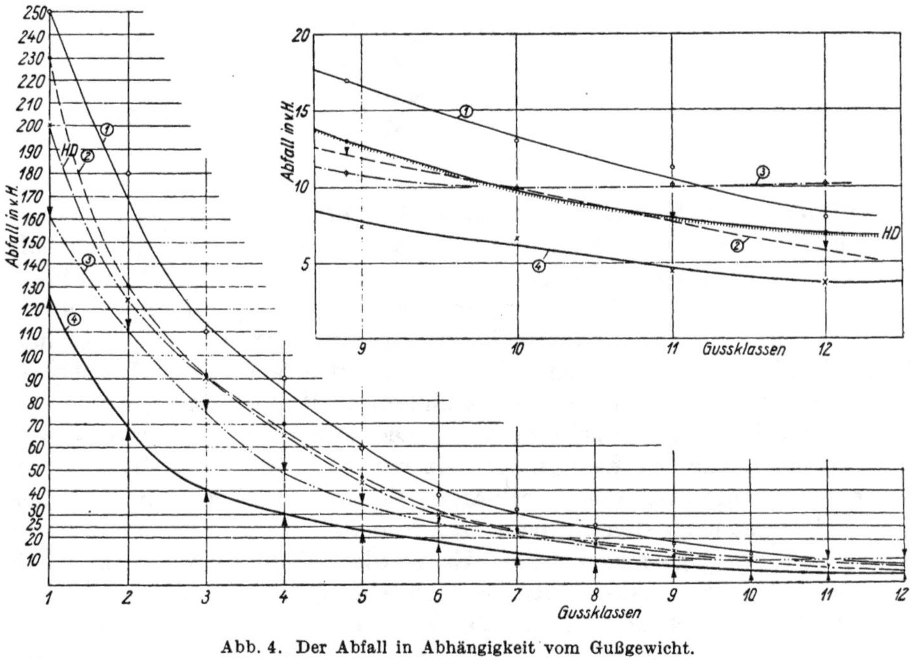

Abb. 4. Der Abfall in Abhängigkeit vom Gußgewicht.

bei einem Steigen des Stückgewichtes das Verhältnis des Abfalls zur Gewichtseinheit geringer; oder genauer: Das Produkt aus Abfall pro Gewichtseinheit und Stückgewicht ist konstant. (Dabei muß allerdings die Einschränkung gemacht werden, daß dies nur innerhalb des erwähnten kleinen Intervalles zutrifft.) Es hat sich durch angestellte Untersuchungen gezeigt (Abb. 4), daß diese Überlegung der Wirklichkeit ziemlich nahe kommt. Während nämlich theoretisch die Abfallkurve eine reine Hyperbel wäre, fällt die Linie in Wirklichkeit flacher aus. Diese Tatsache läßt sich daraus erklären, daß der Abfall in Wirklichkeit mit zunehmendem Gewicht doch etwas wächst (53).

In Abb. 4 sind die Abfallverhältnisse dargestellt, wie sie bei vier verschiedenen Gießereien festgestellt wurden. Vergleichsweise sind die

Werte, die die Harzburger Druckschrift (46) für den Abfall angibt, mit angeführt (H.D.). Auf der x-Achse sind die Gewichtsklassen aufgetragen, und zwar bedeuten

Klasse	1	bis	1	kg
,,	2	,,	2	,,
,,	3	,,	5	,,
,,	4	,,	10	,,
,,	5	,,	25	,,
,,	6	,,	50	,,
,,	7	,,	100	,,
,,	8	,,	250	,,
,,	9	,,	500	,,
,,	10	,,	1000	,,
,,	11	,,	2000	,,
,,	12	,,	5000	,,

Auf der Ordinate sind die Prozente des Abfalls aufgetragen. ① zeigt die Verhältnisse in der Gießerei einer Gasmotorenfabrik. ② enthält Ergebnisse der Untersuchungen in der Großgießerei einer Maschinenfabrik, die hauptsächlich Lokomotivteile herstellt; ③ ist eine kleinere Gießerei, die sich mit Kundenguß für Maschinen, aber auch in bescheidenem Umfang mit Handelsguß beschäftigt; während ④ die Ergebnisse aus der Gießerei einer mittleren Maschinenfabrik wiedergibt, die in der Hauptsache Walzwerkmaschinen baut. Die hohe Lage der Kurve ① und ② dürfte sich aus der Kompliziertheit bzw. der hohen Qualität der in Frage kommenden Gußstücke erklären, die tiefe Lage der Kurve ④ aus der im Vergleich zu den übrigen Maschinenteilen verhältnismäßig einfachen Art der gegossenen Teile. Es wurden absichtlich vier gänzlich voneinander verschiedene Betriebe untersucht, um die Abweichungen festzustellen, und es zeigt sich, daß die in der Harzburger Druckschrift angegebenen Abfallwerte ein gutes Mittel darstellen. Dabei ist allerdings vorausgesetzt, daß besondere Spezialbetriebe nicht berücksichtigt wurden; so ergab ein Betrieb, der sich ausschließlich mit der Herstellung von sehr kompliziertem, insbesondere Automobilguß, beschäftigt, Abfallwerte von 400% in Gewichtsklasse I, bis 130% in Gewichtsklasse V. Die Untersuchungen erstreckten sich auf 2—3 Monate. Sie wurden so angestellt, daß jedes Gußstück zweimal gewogen wurde, und zwar einmal sofort nach Entleeren und das zweite Mal nach dem Putzen. Die so erhaltenen Werte wurden dann geordnet, nach Gewichtsklassen in Tabellen eingetragen und mit Hilfe von Häufigkeitskurven ausgewertet (Abb. 5).

Winkler schreibt nun vor, daß zur Berechnung des Eisenwertes für ein Gußstück die Unterlagen durch eine solche Klassifizierung ausreichend seien. Dieser Auffassung schließt sich die Harzburger Druckschrift an, und zwar ordnet sie jeder Gewichtsklasse einen bestimmten

Abfallprozentsatz zu (von 200% in Klasse I bis 7% in Klasse XII; es wird den Herstellern von kleinem Guß jedoch empfohlen, die Staffelung der Abfallprozente noch weiter durchzuführen für Stücke von 600, 400, 200, 100 und 50 g; ebenso können für Stücke über 5000 kg unter Umständen andere Abfallzahlen in Frage kommen) (46) S. 4.

Leber verurteilt eine derartige Festlegung der Gußstücke in bestimmte Klassen, da er genau weiß, daß häufig gleichschwere Gußstücke sehr stark voneinander abweichende Abfälle haben können. Er hält infolgedessen eine Klassifizierung des Abfalls in der oben beschriebenen Art für vollständig verkehrt und wendet in seinem Kalkulationsvorschlag eine Berechnung des Abfalles pro Stück an. Dazu wiederum ist es notwendig, umfangreiche Unterlagen zu besitzen, die nur durch eine Unmenge von Arbeit und Zeit erlangt werden können. Rein rechnerisch wird es für den Kalkulator nur sehr schwer sein, schon vorher die Höhe des Abfalls zu bestimmen. Es müssen daher nach dem Vorschlage Lebers Tabellen oder noch besser Karthotheken angelegt werden, in denen die Erfahrungen der Vor- und Nachkalkulation niedergelegt und gegenübergestellt werden, so daß der Abfall sowohl rechnerisch als empirisch annähernd vorausbestimmt werden kann. Ein solches Verfahren wird sich jedoch nicht immer rentieren und am wenigsten dann, wenn es sich um kleinere Gelegenheitsaufträge handelt, um Modelle, die nur einmal oder selten abgegossen werden (8).

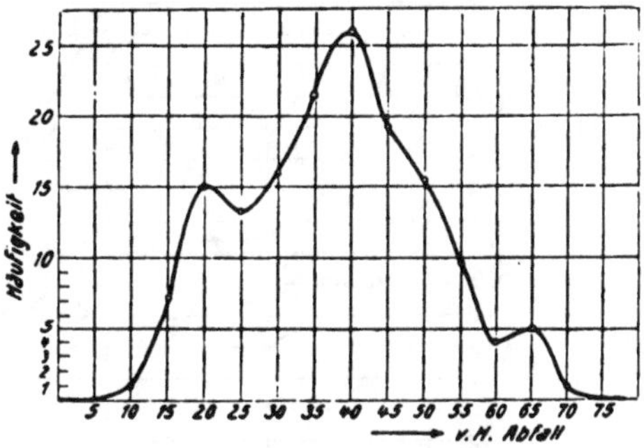

Abb. 5. Bestimmung des Abfallwertes nach der Häufigkeit.

Anderseits ist es ja unzweifelhaft richtig, daß es für das einzelne Stück falsch ist, die aus einer Abfallkurve erhaltenen Werte anzuwenden. „Gerade in der Maschinenformerei, insbesondere bei vielen kleinen auf einer Platte angebrachten Teilen ist es durchaus nicht immer zutreffend, daß die Teile von gleichem Gewicht in die gleiche Abfallklasse gehören, selbst bei einer Einengung der Abfallprozentsätze von 5 zu 5%; denn die Form der Gußstücke und die davon abhängige äußere Anordnung der Teile auf der Platte bestimmt hier sehr häufig die Höhe des Abfalles und nicht so sehr das Gewicht. Theoretisch läßt sich das Gesagte allerdings nicht beweisen, während es die Praxis tagtäglich lehrt. Und was den mittelschweren Guß anbelangt, so kann ein einfacher Zylinder einen ganz anderen Abfall haben als ein Krümmer oder eine Platte von gleichem Gewicht; der eine Zylinder kann mit Kopf und der andere von gleichem Gewicht ohne Kopf gegossen werden usw.“ (3) S. 47. Die auf Abb. 4 gezeigten Kurven ergeben zwar einen kontinuierlichen Verlauf der Abfallwerte; man darf jedoch dabei nicht vergessen, daß es sich um Durchschnittswerte handelt. Dieser Durchschnitt folgt nun der angestellten Überlegung, daß mit wachsendem Gewicht der Abfall in der dargestellten Form fällt. Anders sieht die Sache jedoch aus, wenn man eine solche Kurve in ihre einzelnen Teile auflöst.

An Abb. 6 sehen wir einen Teil der Kurve ④ aus Abb. 4 zerlegt und zwar so, daß die gewonnenen Werte getrennt vermerkt wurden auf die einzelnen Abteilungen der untersuchten Gießerei. Dadurch stehen jeder einzelnen Gußklasse pro Abteilung viel weniger Werte zur Verfügung und die Kurve bekommt ein ganz anderes Aussehen. Erst wenn man diese Untersuchungen auf einen anderen Zeitraum ausdehnen würde, wäre das Ergebnis sicher ein anderes und vielmehr dem in Abb. 4

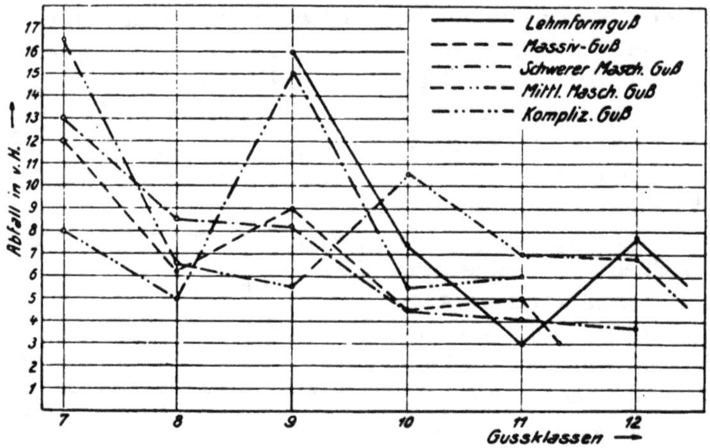

Abb. 6. Abfall und Gußgewicht in den verschiedenen Abteilungen.

ähnlich; denn je mehr Werte zur Verfügung stehen, desto häufiger wird die Durchschnittsleistung erreicht, wie man aus Abb. 5 ersehen kann.

Man kommt durch dieses Ergebnis zu dem Schluß, daß die auf Grund einer solchen Durchschnittskurve errechneten Selbstkostenpreise des flüssigen Eisens bei der Bilanz mit den tatsächlichen Ausgaben annähernd übereinstimmen werden. Dabei muß allerdings die Einschränkung gemacht werden, daß die Art der Produkte sich seit der Aufstellung der Abfallkurve nicht geändert hat. Wenn man nämlich den Fall setzt, daß bei Produktionsänderungen im größeren Zeitabschnitte in der Hauptsache Stücke mit höherem Abfall abgegossen werden, dann wird sich bei Abschluß ein Verlust ergeben. Diese Einschränkung zeigt also, daß es nicht nur notwendig ist, für jeden Betrieb — und möglichst noch für jede Unterabteilung dieses Betriebes — von Zeit zu Zeit, also z. B. halb- oder ganzjährig, den Abfall der Gießerei auf das Stück in der oben beschriebenen Weise festzustellen; sondern es ist auch notwendig, eine solche Feststellung bei einer einschneidenden Änderung der Produktion (z. B. Aufstellung neuer Formmaschinen, Aufnahme neuer Erzeugnisse usw.) vorzunehmen. Im allgemeinen wird man also in der Zwischenzeit sich damit begnügen können, die aus der Kurve gewonnenen Werte in die Rechnung einzusetzen. Ausnahmen wird man jedoch immer dann machen müssen, wenn es sich um die Vorkalkulation eines Massenartikels handelt. Man wird sich dann nicht mit den Durchschnittswerten begnügen, sondern wird nutzbringend genaue Erhebungen über die vermutliche Größe des Abfalles anstellen. Eine große Erleichterung für den Rechner wird es dann sein, wenn die zur Aufstellung der Durchschnittskurve gemachten Werte so niedergelegt sind, daß man auch Anschauungsmaterial auf die Art und Form der untersuchten Stücke gewinnen und aus deren Abfall Schlüsse ziehen kann. Es wird sich dann empfehlen, diese Einzelbestimmungen zu einer empirischen Abfallskala zusammenzusetzen und sich an Hand dieser Skala von Fall zu Fall Rat zu holen.

Ausschuß.

Die Verrechnung des Ausschusses gehört mit zu den umstrittensten Fragen auf dem Gebiete der Gießerei-Selbstkostenberechnung. Trotzdem die Überlegung ohne weiteres ergibt, daß der Ausschuß jedem Stück charakteristisch ist — die gleichen Formmethoden und die gleichen Arbeitsbedingungen vorausgesetzt — so stellt sich doch in der Praxis die tatsächliche Verrechnung des Ausschusses nicht so einfach dar. Man wird daher grundsätzlich dreierlei Methoden unterscheiden können, nach denen man den Ausschuß verrechnet.

1. Gleichmäßige prozentuale Verrechnung der aus der Bilanz gefundenen Ausschußzahl auf die Produktion,
2. individuelle Verrechnung des Ausschusses auf das Gußstück,
3. eine Vereinigung beider Methoden.

Die erste Methode entspricht den Tatsachen am allerwenigsten, ist jedoch die einfachste und wurde daher früher allgemein verwendet. Sie ist auch mit Recht jetzt noch in solchen Betrieben gebräuchlich, deren Produktion gleichmäßig ist und kein Stück aufzuweisen hat, dessen Ausschuß besonders aus dem Durchschnitt herausfällt. Auch Mehrtens (9) verwendet diese Verrechnungsmethode. Er macht allerdings dabei den Fehler, den Aufwand an Formarbeit und sonstigen Unkosten zu vernachlässigen. Denselben Weg schlägt auch Messerschmidt (4) ein, indem er den Ausschuß mit dem Abbrand verrechnet. Er sagt nämlich, ohne genaue Angabe der Größe des Ausschusses oder Anweisung, den Ausschuß getrennt bei jeder Gattierung zu ermitteln: Der Abbrand inklusive Verlust durch Trichter und Abgüsse beträgt 8% (vom Einsatzwert des Eisens). Der Verrechnung der im weiteren Verlauf der Produktion auf die Ausschußstücke verwendeten Kosten glaubt er dadurch zu entgehen, daß er sich auf den Standpunkt stellt, der Produktionslohn gehe nicht verloren, da im Falle eines Wrackgusses die Bezahluug desselben an den Arbeiter unterbleibt; wenigstens sei dieses Prinzip fast durchweg in den Gießereien eingeführt. Abgesehen davon, daß dies schon damals, als das Buch geschrieben wurde, nicht allgemein der Fall war, ist die Regelung der Ausschußbezahlung doch heute so, daß für alle Fälle die Schuldfrage gestellt wird und bei Schuld des Werkes bzw. bei Materialfehlern der Arbeiter den vollen oder nahezu vollen Lohnbetrag erhält. Wenn er selbst Schuld ist, erhält er nur einen Prozentsatz seines Lohnes (je nach Vereinbarung Stück- oder Zeitlohn), in den seltensten Fällen wird ihm der Lohn vollständig abgezogen. Die Löhne müssen also für alle Fälle noch zur Verrechnung kommen. Aber selbst wenn dem Arbeiter für den Fehlguß kein Lohn ausgezahlt wird, wäre es falsch, ausschließlich den Wert des flüssigen Eisens abzüglioh Gußbruchwert in Anrechnung zu bringen; denn je nachdem, wie weit das Stück in der Gießerei vorgedrungen ist (in vielen Fällen wird die Tatsache des Ausschusses in der Abnahme bemerkt, es sind also noch die Kosten für die Putzerei dazu gekommen), werden mehr oder weniger Unkosten aufgelaufen sein, die dann irgendwie verrechnet werden müssen. Auch die Harzburger Druckschrift (46) hält sich in der ersten Auflage an eine solche allgemeine Verrechnung. Sie berücksichtigt bei der Verrechnung des flüssigen Eisens durchschnittlich einen Ausschuß von 10%. Dieser Betrag ist so hoch, daß der Verlust an tatsächlichem Eisenmaterial weit überschritten wird. Es ist daher anzunehmen, daß dieser hohe Prozentsatz als Ausgleich für die auch weiterhin für die Ausschußstücke entstehenden Kosten gedacht war. Später ist dann die Harzburger Druckschrift auf eine andere Verrechnungsgrundlage gekommen, von der weiter unten noch die Rede sein wird. Man könnte nun ähnlich wie beim Abfall auf den Gedanken kommen, daß die Höhe in irgendeine Abhängigkeit gebracht werden kann mit der einen oder anderen feststehenden Ziffer, also z. B. Gewicht des Stückes, Formschwierigkeit, Oberfläche usw. Es lassen sich für jede dieser Angaben aus der Praxis Beweise anführen. Um nur ein Beispiel zu geben, stellt ein größeres Werk regelmäßig mit geringen Abweichungen mit steigendem Stückgewicht folgende Ausschußziffern fest:

bis 0,1 kg	18%	bis 20 kg	11%
„ 0,25 „	17%	„ 50 „	10%
„ 0,5 „	16%	„ 100 „	8%
„ 1 kg	15%	„ 250 „	6%
„ 2 „	14%	„ 500 „	5%
„ 5 „	13%	„ 1000 „	4%
„ 10 „	12%	„ 2000 „	3%
		und darüber	2%

Diese Ziffern scheinen — zumal es sich um durchaus zuverlässige Angaben handelt — so regelmäßig und ein klarer Beweis dafür zu sein, daß tatsächlich der Ausschuß vom Gußgewicht abhängt, daß es kaum glaublich erscheint, wenn andere Beobachtungen das Gegenteil erweisen. Z. B. haben eigene Untersuchungen des Verfassers in einer Gießerei (53) folgende Ausschußziffern in Abhängigkeit vom Stückgewicht ergeben:

0— 5 kg	3,42%
5—80 „	5,22%
80 und darüber	1,08%

Man sieht daraus, daß hier die in der Mitte liegenden Gußstücke von 5 kg bis 80 kg die höchsten Ausschußziffern haben. Dies sind nun gerade in diesem Betriebe zufällig kompliziertere Stücke, während die leichteren und schwereren Gußstücke verhältnismäßig einfach sind. Trotzdem ist es nicht richtig, die Höhe des Ausschusses mit dem Begriff der „Formschwierigkeit" in Einklang zu bringen; denn: „Unvollkommenheit des Materials, Ungeschicklichkeit des Formers, Versehen des Kernmachers, falsches Lesen der Zeichnung, Gießmethode und vieles andere können die Ursache sein" (3) S. 70. Tatsächlich zeigt es sich oft im Betriebe, daß ganz komplizierte Stücke nahezu ohne Ausschuß gegossen werden, während einfache Stücke beständig Fehlgüsse ergeben und es lange Zeit dauert, bis man dahinterkommt, was eigentlich schuld daran ist.

Dies dürfte wohl ein Grund dafür sein, die Verrechnung stückweise vorzunehmen bzw. den Ausschuß getrennt nach Gußstücken zu ermitteln. „Es ist also vollständige Klarheit notwendig, gleichviel ob die Höhe des Ausschusses manchem Betriebsleiter unangenehm ist oder nicht. Jedenfalls wird durch eine genaue Wiedergabe des Betriebsausschusses die Möglichkeit geschaffen, Fehlerquellen zu erkennen und zu beseitigen. Demgemäß ist auch Ausschuß regelmäßig zu verbuchen, unter Gutschrift des Altgußwertes auf Betriebskosten zu nehmen und in der Selbstkostenberechnung gesondert aufzuführen" (15) S. 83. Auch Leber stellt sich auf diesen Standpunkt und fordert eine vollständig getrennte Verrechnung und Ermittlung des Ausschusses für jedes Gußstück bzw. für jede Gußtype. Er stellt durchaus die Eigentümlichkeit des Gußstückes in der Ausschußfrage in den Vordergrund und stellt vor allem den Ausschuß von laufend hergestellten Typen zusammen. Der Gesamtausschuß, den jeder dieser Typen mit sich bringt, muß bestimmt und auf die gute Ware dieses Typs gewälzt werden. Er verlangt, daß zu diesem Zwecke die Menge des Ausschusses gleichzeitig bei der Aufnahme des Gusses getrennt für jeden Gußtyp notiert und etwa jedes halbe Jahr nach Kalkulationsmethoden zusammengestellt wird, wie es folgendes Schema zeigt (3) S. 72.

Zylinder Com. 60391 Zeichnung 79
118
Gewicht 615 kg Selbstkosten 38,40 M/100 kg

Monat	Stückzahl	Ausschuß	%
Mai	15	1	10
Juni	28	—	0
Juli	18	2	10
August	24	1	4
September	32	3	9
Oktober	26	1	4
zusammen	143	8	6

Verschlußdeckel Com. 20214 Zeichnung 25
28
Gewicht 8 kg Selbstkosten 25,00 M/100 kg

Monat	Stückzahl	Ausschuß	%
Mai	162	17	11
Juni	204	14	7
Juli	188	8	4
August	112	5	4
September	98	7	7
Oktober	134	22	16
zusammen	898	73	8

Als Ergänzung dazu muß dann allerdings ein besonderes Tagebuch geführt werden, in dem die Maßnahmen zur Abstellung des Ausschusses und die Ursache laufend aufgezeichnet werden, etwa nach Abb. 7 (17).

Winkler (7) erkennt ebenfalls, daß die Verrechnung des Gußstückes individuell zu erfolgen hat. Er legt jedoch seiner Verrechnungsart die Annahme zugrunde, daß der Kunde für die durch Ausschuß entstandenen Kosten aufkommen muß. Er bestimmt also ausschließlich den für einen bestimmten Kunden auftretenden Ausschuß und hält sich durch Aufschlag des Schadens auf die gesamte Lieferung an diesem schadlos. Dieses Verfahren schließt verschiedene Nachteile in sich. Erstens wird es nicht immer möglich sein, einem Kunden bei kleineren Bestellungen großer Gußstücke ein Mehrfaches des Preises zu berechnen, wenn sich bei Nachkalkulation herausgestellt hat, daß der Ausschuß in dem Fall sehr hoch gewesen ist. Anderseits geht man bei einer derartigen Verrechnung des Ausschusses des obenbeschriebenen fabrikationstechnischen Vorteils verlustig, die Ursache des Ausschusses getrennt nach Typen und Stücken erkennen und Abhilfe schaffen zu können.

Selbstredend ist diese von Leber (und mit Einschränkung auch von Winkler) vorgeschlagene Form der Ausschußberechnung die idealste und sie wird sich immer dann mit besonderem Nutzen durchführen lassen, wenn es sich um Gießereien handelt, die laufend Serien oder Massen desselben Gußstückes herstellen. Anders verhält es sich jedoch bei kleineren Gießereien, die Kundenguß herstellen und eine Unzahl verschiedener Modelle zum Abguß bringen, die nur einmal oder selten verwendet werden. Dann wird sich eine solche Verrechnung nicht immer rentieren und es muß eine Form gefunden werden, die die beiden Systeme, die in-

Auftrag	Datum	Gegenstand	Gewicht kg	Former Std.	Kernmacher Std.	Ausschuß	Maßnahme zur Abhilfe
12708	16. 1.	Grundplatte P. 18	250	12	3	Fläche geschülpt, nicht genügend Luft abgeführt	
11116	28. 1.	Zahnrad Z 1200 .	400	10	1	Arme gerissen, Nabe nicht gekühlt	
13214	10. 2.	Seitenrahmen 810	160	8	1	Nicht ausgelaufen, zu schwache Anschnitte	
12708	20. 2.	Pumpendeckel HD 400 . .	380	16	14	Kern gehoben, zu schwache Stützen weggeschmolzen	
12338	15. 3.	Ölgefäß B 360 . .	110	6	3	Kaltschweißen, Boden nach oben gegossen	
11838	28. 3.	Seilscheibe S 1600	450	14	6	Lunker in der Nabe, Nabe nicht gepumpt	
12960	10. 4.	Grundrahmen Gr. R. 127	340	14	8	Form gedrückt, Ballen verflickt	
11964	18. 4.	Krümmer NK 500	380	10	8	Oberkasten gehoben, einseitig belastet	
12338	16. 5.	Seitenwagen B 352	240	10	3	Geschülpt, nicht genügend Luft abgeführt	
12350	4. 6.	Untersatz, 600 Durchm. . .	300	12	5	Kernmarke gedrückt, nicht beigeschnitten	
12608	27. 6.	Deckelplatte 1350 Durchm. .	550	24	4	Geschülpt, Luft zum Koksbett fehlt	
12218	27. 6.	Einlegeboden .	340	6	2	Blasen auf der Oberfläche, Sand zu naß	
12446	3. 8.	Kristallisierpfanne	400	14	—	Schlacken in der Wandung zu kleiner Gießtümpel	

Abb. 7. Vordrucke zur Ausschußerfassung.

dividuelle und die Gesamtverrechnung, in sich vereinigt. Ein solches Verfahren wird in der dritten Auflage der Harzburger Druckschrift eingeschlagen. Der Ausschuß wird normal mit einem bestimmten feststehenden und für den ganzen Betrieb geltenden Prozentsatz bei der Verrechnung des Eisens berücksichtigt. „Das den Mittelwert von 8% übersteigende Sonderausschußrisiko für schwierige Stücke, z. B. Dampfzylinder, Ringschmierlager mit eingegossenen Schalen, Wangen und Betten mit doppelten Kernlagen usw. ist bei den Einzelkalkulationen gesondert zuzuschlagen“ (46). 3. Aufl. S. 4. Dazu wäre zu bemerken, daß es sich wie schon oben ausgeführt, bei den Ausschußursachen nicht immer um die Schwierigkeit der Stücke handelt, also die Forderung nach einem Sonderzuschlag nach dahin abzuändern wäre, daß es nicht heißt „für schwierige Stücke“, sondern „für Stücke mit besonders hohem Ausschuß“, der dann noch je nach dem Betrieb durch besondere Ziffern näher zu bezeichnen wäre.

Man sieht also auch hier, wie bei allen anderen Teilen auf diesem Gebiet, daß es unmöglich ist, ein einheitliches Schema für alle Betriebe zu geben. Es läßt sich nur immer der Idealfall aufzeichnen und diesem die billigste Art der Verrechnung gegenüberstellen. Die Art des Betriebes muß dann durch Annähern dieser Grenzfälle das Optimum der Wirtschaftlichkeit ergeben.

Das flüssige Eisen.

Das eigentliche Rohmaterial in der Gießerei, nämlich das Eisen, ist beim Durchlaufen des Betriebes verschiedenen Veränderungen durch Zusätze beim Legieren, Schmelzen usw. unterworfen. Diese Veränderungen erstrecken sich nicht nur auf die Eigenschaften, sondern es treten durch Abbrand usw. auch Gewichtveränderungen auf. Es ist daher eine Zweiteilung dieses Rohmaterials erforderlich, und zwar wird das in seinem ursprünglichen Zustand anfallende Material mit „Einsatz“, das nach der Schmelzung veränderte mit „flüssiges Eisen“ bezeichnet.

Da der Schmelzbetrieb von der übrigen Fertigung vollständig getrennt verrechnet wird, ist es nur natürlich, wenn dieses Fertigungsmaterial dem verbrauchenden Betriebe zu einem bestimmten Preis in Rechnung gestellt wird; d. h. man muß den Wert des Einsatzes (siehe S. 15) berechnen und diesem Wert die Umwandlungskosten (Schmelzkosten) des Einsatzes hinzufügen. Die Zusammensetzung dieser Umwandlungskosten kann verschiedener Art sein, je nachdem, ob es sich um ein Schmelzen im Kupolofen, Flammofen, Elektroofen usw. handelt. Im Kupolofen wird man im allgemeinen folgende Schmelzkosten haben:

Füll- und Schmelzkoks,
Kalkstein, Marmor,
Anfeuerungsmaterial (Holz, Koks, Öl),
Feuerfeste Materialien,
Schamottesteine,
Klebsand für Ausmauerung und Reparaturen,
Kraftverbrauch der Gebläse und Transportanlage,
Löhne der Schmelzer, Begichter, Abstecher und Ofenmaurer,
Anteil der Kosten für chemisches Laboratorium,
Kosten für Gebäude einschließl. Beleuchtung und Beheizung,
Abschreibungen und Verzinsung der Schmelzanlage,
Anteil an Gemeinkosten.

Bei Flammöfen würden sich die Kosten für Schmelzer- und Feuerungsmaterial verändern, bei Elektroöfen treten an Stelle des Feuerungsmaterials Strom- und Elektrodenkosten.

Allerdings besteht die große Schwierigkeit bei der Stellung des Preises für das flüssige Eisen darin, daß es nur sehr schwer möglich ist, Menge und Gewicht in flüssigem Zustand festzustellen. In der Hauptsache sind es zwei Größen, die eine Veränderung der Menge und des Gewichtes von der Gicht bis zum Vergießen verursachen, und zwar

1. Der Abbrand,
2. das Spritzeisen.

Wenn man darauf verzichtet, die beiden Verluste voneinander zu trennen, so ergibt sich eine angenäherte Ermittlung der Verlustsumme dadurch, daß man den abgelieferten Guß samt Abfall und Ausschuß vom Einsatz abzieht. Voraussetzung dafür ist allerdings, daß der Gesamtabfall bestimmt wird. Wenn dies nicht geschieht, muß man auf eine Trennung der Verluste beim Schmelzen und beim Gießen verzichten. Es ist dann allerdings auch kaum möglich, eine Einzelverrechnung des Fertigungsmaterials auf das Gußstück vorzunehmen.

Den Abbrand kann man annähernd genau dadurch bestimmen, daß man die Gießpfanne, nachdem sie ausgefüttert und getrocknet ist, wiegt, die Höhe des Einsatzes bestimmt und sodann die Gießpfanne mit dem flüssigen Eisen wiegt, sobald das Eisen abgeschäumt ist. Wenn man diese Stichprobe öfter wiederholt und für jede Gattierung insbesondere neu macht, so kann man die Höhe des Abbrandes mit einiger Sicherheit voraussagen. Die Verluste durch Spritzeisen kann man höchstens dann ermitteln, wenn der ganze Gießereischutt durch eine Aufbereitungsanlage geht und das Eisen vom Sand getrennt wird. Auch dann wird es nicht möglich sein, genau festzustellen, wie groß dieser Anteil ist; denn es wird sich nicht verhindern lassen, daß noch andere Teile aus der Putzerei, Resteisen, Kerneisen usw. im Sand enthalten sind. Man wird sich also im allgemeinen bei der Festsetzung des Gewichtes des flüssigen Eisens mit einem Zuschlag für den Abbrand begnügen müssen. Dieser Abbrand beträgt normalerweise beim Kupolofen 3—5% des Einsatzes, beim Elektroofen 5—6%. Die Höhe des Abbrandes hängt nicht allein von der Ofenführung, sondern auch von der Luftfeuchtigkeit, Zusammensetzung des Eisens usw. ab.

Um jedoch den Verbrauch an flüssigem Eisen, also das eigentliche Fertigungsmaterial für ein fertiges Stück zu bestimmen, genügt es nicht zu wissen, wie schwer das abgelieferte fertige Gußstück ist, da, wie schon früher ausgeführt, außer dem Abbrand in Formerei und Kernmacherei weitere Materialverluste durch Abfall, Ausschuß und das Putzen der Gußstücke entstehen. Wie ebenfalls schon oben ausgeführt, ist es nun nicht immer möglich, diese Verluste zu bestimmen. Wir werden daher mehrere Arten unterscheiden müssen, wie man den endgültigen Materialwert für ein Gußstück bestimmt.

Handelt es sich um annähernd gleichmäßige Fertigung, so wird eine Durchschnittsberechnung auf die Gewichtseinheit genügen. Man braucht dann nur den Gesamteinsatz für Schmelzkosten bzw. die sämtlichen für das Hauptmaterial aufgewendeten Kosten durch die gesamte Ausbringung in der Zeiteinheit zu teilen, also Preis pro Gewichtseinheit $x = \frac{V - P}{W}$ wenn

V = sämtliche zum Einkauf und Schmelzen des Eisens aufgewendeten Kosten,

P = der Bruchwert des Abfalles, Ausschusses, Herdguß, Kerneisen und alles für die Gießerei selbst verwendeten vergossenen Materials (dieses stellt eine Wertvermehrung des Betriebsvermögens dar und darf daher nicht dem Kundenguß belastet werden),

W = Gewicht des abgelieferten Gusses.

Dabei muß P aus der Differenz des gesamten gesetzten Bruches und dem Kaufbruch bestimmt werden; bzw. bei Gießereien, die mit Bruchüberschuß zu rechnen haben, aus der Summe des gesetzten und verkauften Bruches. Voraussetzung dafür ist allerdings, daß der gesetzte Bruch gewogen wird.

Diese Methode ist sehr einfach, wenn es sich, wie schon eingangs erwähnt, um die Erzeugung gleichmäßigen Gusses handelt, oder wenn der Betrieb so klein und die Fertigung so verzweigt und verschieden ist, daß sich eine besondere Bestimmung der Verluste nicht lohnt. Es wäre vielleicht noch besonders zu bemerken, daß selbstverständlich eine solche Berechnung des flüssigen Eisens auf das Endgewicht für jede Gattierung getrennt zu machen ist, da sich die einzelnen Gattierungen im Einsatzwerte oft erheblich voneinander unterscheiden.

Die zweite Methode der Verrechnung stützt sich auf eine durchschnittliche Bestimmung der Verluste. Ihr wichtigster Vertreter ist die Harzburger Druckschrift (46). Sie berücksichtigt hinsichtlich des Abfalls (wie schon unter „Abfall" beschrieben) das Stückgewicht der einzelnen Gewichtsgruppen, wählt jedoch ein Durchschnittsausschußrisiko (das sich in den einzelnen Gewichtsgruppen oder -klassen nicht unterscheidet), von 8% und einen Abbrand von 7%. Höhere Verluste des Ausschusses sollen dadurch ausgeglichen werden, daß bei besonders schwierigen Stücken der Eisenwert durch ein besonderes Ausschußrisiko der Wirklichkeit angenähert wird. Das Schema der Berechnung nach der Harzburger Druckschrift ist in Abb. 8 gezeigt. Der eigene Abfall, Hausbruch, wird hier in Spalte 11 zum Gußbruchwert abgerechnet, was ja auch richtig ist; denn der Hausbruch erscheint in der Berechnung der Satzkosten zum Gußbruchpreis. Unrichtig und mit Recht kritisiert war die in den früheren Auflagen der Harzburger Druckschrift vertretene Auffassung, man müsse den Hausbruch höher bewerten als den gekauften Bruch, was ja dadurch hinfällig ist, daß man ihn tatsächlich nur genau so wie gekauften Bruch verwenden kann. Diese Methode ist bereits viel genauer als die erst beschriebene Verrechnung und läßt sich mit verhältnismäßig geringfügigen Mitteln in jeder Gießerei anwenden, da die Grundlagen leicht zu beschaffen sind; man braucht nur Abbrand und Ausschuß, sowie den gestaffelten Abfall in längeren Zeiträumen zu bestimmen. Sie ist jedoch keineswegs genau und entspricht den Anforderungen einer stückweisen Kostenerrechnung nicht, wie zum Teil auf S. 22ff. nachgewiesen ist. Auch ist sie etwas umständlich; wir werden in nachfolgendem eingehend vereinfachte Methoden kennen lernen.

Bei einem anderen Verrechnungssystem (50) wird der Tatsache, daß die Metallkosten pro Gewichtseinheit bei gutem Guß für jedes Stück nicht dieselben sind, folgendermaßen Rechnung getragen: Man faßt Gruppen gleicher oder ähnlicher Gußstücke zusammen und stellt fest:

das Versandgewicht C
das Spritz- und Überlaufeisen in Prozent zum Einsatz . . . . S
Abbrand und Verlust L
Rohgewicht der guten Abgüsse einschl. Trichter und Köpfe . . . . A
Rohgewicht der Ausschußstücke einschl. deren Abfall . . . . B

dann kann man die Ausbringung y mit folgender Formel berechnen:

$$y\,(\text{in }\%) = \frac{C\,[100 - (S + L)]}{A + B}.$$

Wenn man darin S und L als errechnetes Mittel von einigen Monaten und zwar $S = 3$ und $L = 10\%$ annimmt, so wird die Formel für die Ausbringung eines bestimmten Gußstückes einfach lauten:

$$y = \frac{87 \cdot C}{A + B}.$$

Angenommen also, das gesamte Versandgewicht von 40 Stücken hätte 800 kg betragen, $S + L = 13\%$, $A = 1000$ kg, $B = 100$ kg, dann ist

$$y = \frac{87 \cdot 800}{1100} = 63\%.$$

1. Gewichtsgruppe	2. Stück-Gewicht	3. Fertige Ware kg	4. Ausschuß kg	5. Abfall kg	6. In Summa kg	7. Abbrand 0,07 kg	8. Ofeneinsatz kg	9. Satz- und Schmelzkosten M je 100 kg	10. In Summa M	11. Abzügl. eigener Entfall, Hausbruch kg	M	M	12. Flüssiges Eisen je 100 kg abgerundet M
1	bis 1 kg	100	+ 8	+ 200	= 308	+ 21,56	= 329,56	à 11,22	= 36,97	(208 ×	9,—	= 18,72)	18,25
6	bis 50 kg	100	+ 8	+ 30	= 138	+ 9,66	= 147,66	à 11,22	= 16,57	(38 ×	9,—	= 3,42)	13,15
12	bis 5000 kg	100	+ 8	+ 7	= 115	+ 8,05	= 123,05	à 11,22	= 13,80	(15 ×	9,—	= 1,35)	12,45

Abb. 8. Ermittelung der Kosten für das flüssige Eisen nach der Harzburger Druckschrift.

Es müssen also, wenn M die Einsatzkosten + mittleren Schmelzkosten pro Tonne Einsatz, P der Wert des pro Tonne zurückgewonnenen Bruches ist, die Metallkosten pro Tonne guten Guß folgendermaßen berechnet werden $\frac{100\,M - P\,(100 - L)}{y} + P$.

L = normal mit 10% angenommen.

Sodann ergibt die Formel

$$\frac{100\,M - 90\,P}{y} + P\,.$$

Also nach unserem Beispiel

$$\text{Metallk. je t abg. Guß} = \frac{100 \cdot 110 - 80\,(100 - 10)}{63} + 80 = 140\,M\,.$$

Am besten ist es, sich hierfür jeden Monat auf Grund der Marktpreise eine Tabelle nach dieser Formel zusammenzustellen, die die Eisenkosten für verschiedene Ausbringungen zeigt. Auch kann dann die Ausbringung für die betr. Gruppe festgelegt werden und an Hand dieser Tabellen, die auch graphisch dargestellt werden können (Abb. 9), kann man die Hauptmaterialkosten pro Tonne guten Guß ablesen.

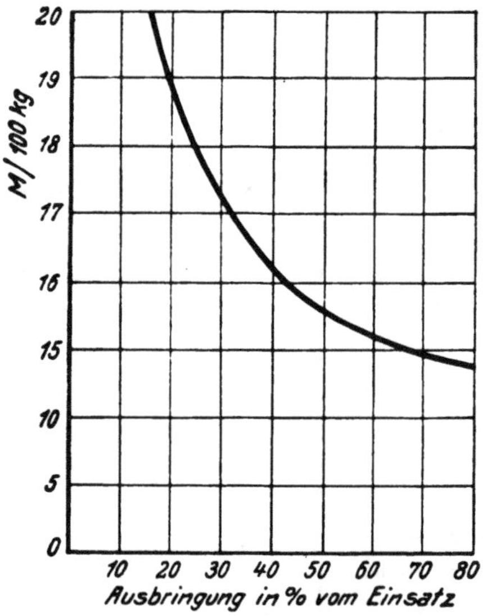

Abb. 9. Metallkosten für verschiedene Ausbringung.

Endlich wäre noch die Verrechnung des flüssigen Eisens auf das einzelne Gußstück zu erwähnen, wie sie Leber (3) S. 46—48 vorschlägt. Nach ihm setzt sich der tatsächliche Eisenaufwand für ein Gußstück zusammen aus dem Eisenwert + Schmelzkosten des für das Stück selbst vergossenen Eisens und dem um seinen Bruch verminderten Eisenwerte des Abfalles. Es ist also auch hier zu berücksichtigen, aus welcher Art Gattierung das Gußstück stammt; denn je größer die Unterschiede in den Einsatzwerten sind, desto mehr muß bei einer genauen Stückkalkulation auch auf dieses Moment Rücksicht genommen werden. Leber rechnet wie folgt:

„Beträgt nun beispielsweise das Gewicht irgendeines Stückes 200 kg, der Abfall 5% und der Bruchwert 0,06 M für das Kilogramm und ist das Stück mit Einsatz III (11,30 M/100 kg) gegossen, so beläuft sich der Eisenwert des Stückes selbst auf 200,0 · 0,113 kg, der Abfallwert auf $\frac{5 \cdot 200}{100} \cdot 0{,}113$ M/kg,

der Bruchwert auf $\frac{5 \cdot 200}{100} \cdot 0{,}06$ M/kg,

der reine Eisenwert des Stückes ist also:

$$200 \cdot 0{,}113 + \frac{5 \cdot 200}{100} \cdot 0{,}113 - \frac{5 \cdot 200}{100} \cdot 0{,}06 = 23{,}13 \text{ M.}$$

Setzt man somit allgemein:

Stückgewicht $= g$,
Abfallprozentsatz $= p$,

so beträgt der Wert eines Kilogramms Eisen, mit dem das Stück zu kalkulieren ist:

$$E = g \cdot 0{,}113 + \frac{p \cdot g}{100} \cdot 0{,}113 - \frac{p \cdot g}{100} \cdot 0{,}06,$$

$$= g \cdot 0{,}113 + p \cdot g \left(\frac{0{,}113 - 0{,}06}{100} \right),$$

$$= g \cdot \left(0{,}113 + p \cdot \frac{0{,}053}{100} \right),$$

$$= g \cdot (0{,}113 + p \cdot 0{,}00053).$$

1 kg Eisen kostet demnach:

bei 1% Abfall 1 · (0,113 + 1/0,00053) = 0,1135 M.,
„ 100% „ 1 · (0,113 + 100/0,00053) = 0,1660 M.,
„ 150% „ 1 · (0,113 + 150/0,00053) = 0,1925 M.

Schwankt demnach der Abfallprozentsatz in unserem Fall etwa zwischen 1% und 150%, so kann man den Preis für 1 kg Eisen für jeden Prozentsatz von 1 bis 150 um je 1% abgestuft berechnen und diese Zahlen zu einer Tabelle vereinigen, wie es in der folgenden Tabelle geschehen ist.

Abfall %	Eisenwert kg/M	Abfall %	Eisenwert kg/M	Abfall %	Eisenwert kg/M
0	0,1130	8	0,1172	16	0,1215
1	0,1135	9	0,1178	17	0,1220
2	0,1140	10	0,1183	18	0,1225
3	0,1146	11	0,1188	19	0,1231
4	0,1151	12	0,1194	20	0,1236
5	0,1157	13	0,1199	50	0,1395
6	0,1162	14	0,1204	100	0,1660
7	0,1167	15	0,1210	150	0,1925

Durch Rücken des Kommas um zwei Stellen nach rechts erhält man den Eisenwert von 100 kg. Die so erhaltenen Preise sind dann bei der

Kalkulation endgültig zu benutzen, indem man die richtigen Werte für Abfall feststellt und die zugehörigen Werte aus der Tabelle abliest.“

Besonders zu bemerken ist hierbei, daß der Ausschuß anderweitig verrechnet wird und vollständig aus dieser Rechnung herausfällt, Spritz- und Resteisen im Abfall enthalten sind.

Außer den vier besprochenen Berechnungsarten des flüssigen Eisens gibt es natürlich noch andere, die aber mehr oder weniger einem der beschriebenen Systeme ähnlich sind. Besonders zu erwähnen ist vielleicht noch die dem Buch von Rein (6) angefügte Tabelle zur Berechnung des Einsatzgewichtes unter Berücksichtigung des Abbruches und der Trichter, zusammengestellt nach der Einsatzformel

$$E = \frac{100\,F}{100 - s},$$

worin

E = Gewicht des zu setzenden Eisens,
F = Gewicht der Fertigware,
S = Summe vom Abbruch und Trichter prozentual zu E.

b) Formerei.

Man unterscheidet verschiedene Arten von Formereien je nach Formmaterial, Arbeitsweise und Erzeugnis. Die hauptsächlichsten sind Sand-, Lehm- und Masseformerei; man kann unterscheiden in Hand- und Maschinenformerei, ebenso nach Art der Erzeugung in Klein-, Mittel- und Großguß, Zylinderguß usw. Nach ihrer Verrechnung ähneln sich alle diese verschiedenen Arten sehr stark, so daß es sich erübrigt, auf jede besonders einzugehen. Es wird infolgedessen im allgemeinen nur von der Sandformerei gesprochen werden; eine Ausnahme bildet das Formen auf Formmaschinen. Das durch die Maschine und deren Arbeitsweise neu hinzutretende Kostenmoment bleibt einer besonderen Besprechung vorbehalten.

Fertigungslöhne und Hauptmaterial, also hier die direkten Formerlöhne bzw. das „flüssige Eisen“ sind bereits besprochen. Es bleiben noch Hilfslöhne, Hilfsmaterial und sonstige Betriebskosten. Diese verteilen sich in der Hauptsache auf folgende Kostenstellen:

Formmaterial (Preis und Aufbereitung),
Transport,
Trocknen,
sonstige Unkosten.

Während man die Fertigungslöhne und das flüssige Eisen annähernd genau auf das Stück verrechnen kann, wie schon oben gezeigt, bereitet die Verrechnung der übrigen genannten Kostenträger große Schwierigkeiten. Man betrachte beispielsweise die Sandformerei. Das hauptsächlichste Formmaterial ist hier der Formsand. Er ist kein einheitliches

Produkt, sondern ist meistens aus Neu- und Altsand gemischt, hat außer den Transportkosten auch schon Energie (Aufbereitungsmaschine, Wasser) und Arbeitslöhne verbraucht. Wie ist nun dieses Formmaterial auf das Stück zu verrechnen? Das einfachste wäre ja, den Sand für jeden Kasten zu wiegen, was jedoch betriebstechnisch unmöglich ist. Es muß also infolgedessen untersucht werden, ob sich eine Beziehung zu einer der bekannten Größen finden läßt.

Zunächst das Gewicht der Stücke. Untersucht man verschiedene gleichschwere Stücke auf ihren Formmaterialverbrauch, so findet man, daß gleichschwere Stücke oftmals ganz ungleiche Oberflächen haben, weil sie in dem einen Fall massiv und ohne Kern und in dem anderen Fall dünnwandig und mit Kern geformt werden und daher auch stark voneinander abweichende Formsandmengen brauchen. Eine Beziehung zum Gewicht ist also unmöglich.

Vielleicht sind also die Fertigungslöhne ein Kriterium dafür. Nehmen wir ein Beispiel: Ein Motorgehäuse und ein Werkzeugmaschinenbett hätten genau dieselben Fertigungslöhne, jedoch ganz verschiedene Volumina. Die Oberfläche des Werkzeugmaschinenbettes wäre mehr als zweimal so groß wie die des Gehäuses. Da dieses jedoch viel schwerer einzuformen ist als das Werkzeugmaschinenbett, sind pro Oberflächeneinheit und also annähernd auch für die Formsandmenge ganz andere Größen gültig. Also auch die Löhne sind nicht als Maßstab zu verwenden. Man könnte nun dadurch auch auf den Gedanken kommen, daß man mit Hilfe der Oberfläche einen Wertmesser für das Formmaterial bekommen könnte. Man kann mit Hilfe der Oberfläche die Menge des das Modell unmittelbar bedeckenden Modellsandes (im Gegensatz zum ausfüllenden Haufensand) ermitteln. Leber führt dazu den Begriff der Formschwierigkeit ein. Das Verhältnis Oberfläche : Gewicht (O : G) sei ein Kriterium der Formschwierigkeit. „Ist die Oberfläche des Körpers bekannt und sein Gewicht, so ist damit seine Gestalt und Größe zahlenmäßig festgelegt. Es ist möglich, durch Multiplikation des Oberflächeninhaltes mit einem empirisch zu bestimmenden Faktor, der, je nachdem die Stärke des umhüllenden Formsandes, der Masse oder Mauerung vorstellt, das Materialvolumen bzw. die Materialmenge zu bestimmen: Außenoberfläche · Faktor = Mantelmaterialvolumen“ (3), S. 49. Diese Annäherungsausrechnung wäre weitaus die richtigste, vorausgesetzt, daß es gelänge, einwandfreie Faktoren, die man nur auf empirischem Wege erhalten kann, zu finden. Das wird jedoch nur bei gleichmäßiger Produktion möglich sein. Diese Wege sind also im allgemeinen nicht gangbar. Leber kommt daher zu dem Schluß, daß man die Formmaterialmenge jedes Stückes genau ausrechnen muß und gibt dafür an Hand von Zeichnungen mehrere Beispiele, auf die einzugehen hier zu weit führen würde (3), S. 51. Ein solches Verfahren wird sich bei besonders großen Stücken rechtfertigen lassen oder bei solchen Gußstücken, die öfter abgegossen werden. Aber auch dann wird es besser sein, bei der Vorkalkulation nur zu schätzen und sodann im Betrieb Versuche und Messungen anzustellen. Diese Schätzung kann mit annähernder Genauigkeit so vorgenommen werden, daß man nach der Zeichnung Volumen + Kernvolumen des Stückes bestimmt und von dem Inhalt des zu verwendenden Kastens subtrahiert. Dadurch bekommt man die erforderliche Sandmenge, wobei allerdings kein besonderer Unterschied zwischen Modell- und Haufensand gemacht ist. Wenn man besonderen Wert auf die Feststellung dieser beiden Materialien legt, wird es genügen, eine Verhältniszahl für gleiche Arten von Gußstücken zu ermitteln, um mit dieser die gefundene Sandmenge zu teilen.

Es gibt nur eine Möglichkeit, die Formsandmenge auf das Stück einigermaßen genau festzustellen, ohne den Weg der genauen Einzelrechnung zu gehen. Dazu ist eine Einteilung der Gußstücke gleicher Art und gesonderte Formsandzuschlagsermittlung auf das Gewicht für jede einzelne dieser Gruppen erforderlich. Bei der Zuteilung der Stücke in solche Gruppen kann das Verhältnis zwischen Oberfläche und Gewicht oder zwischen Kerninhalt und Gewicht Anhaltspunkte geben. Zu einem solchen Verfahren ist es aber notwendig, die genauen Kosten für den Formsand bzw. bei anderen Betrieben Lehm, Masse usw. zu kennen. Zu dem ursprünglichen Preis für die verschiedenen Materialien kommen die indirekten Kosten (wie bereits unter „Material“ ausgeführt), die Kosten für die Aufbereitung, also Hilfslöhne, Aufbereitungsmaschinen und Abschreibungen, Kraft, Gebäudekosten für die Aufbereitungsanlage und Transportkosten des Sandes bis zur Formstelle hinzu. Sie müssen in bestimmten Zeitabschnitten ermittelt und auf das Sandgewicht oder Volumen umgelegt werden.

Ein weiterer Kostenfaktor sind die T r a n s p o r t k o s t e n. Sie sind für verschiedene Arbeitsvorgänge notwendig. Die wichtigsten sind:

1. Der Transport des flüssigen Eisens bis zu den Gießplätzen. Diese Art von Transportkosten wird in der Hauptsache von dem Gewicht des zu befördernden bzw. für das Stück zu verwendenden flüssigen Eisens abhängen. Es käme also genau genommen als Bezugsgröße nicht das reine Gewicht des Gußstückes, sondern das flüssige Eisengewicht in Frage (siehe „Flüssiges Eisen“).

2. Der Transport der Formerrohmaterialien zu den Aufbereitungsmaschinen und den Arbeitsplätzen.

In diesem Falle sind die aufgewendeten Transportkosten offenbar von der Menge des Formsandes abhängig und nachdem, wie wir ausgeführt haben, diese Größe mehr vom Stückgewicht als vom Fertigungslohn abhängt, ist es gerechtfertigt, diesen Teil der Transportkosten mit dem Stückgewicht zu verrechnen. Dasselbe wäre vom

3. Transport der Modelle von dem Lager in die Gießerei und

4. Transport der Formen in die Trockenkammer

zu sagen, nur daß im letzten Falle noch das Kernmaterial dazukäme, vorausgesetzt, daß die Kerne keine eigene Trockenkammer haben. Endlich ist

5. der Transport des Gußstückes in die Putzerei

zu erwähnen, dessen Kosten naturgemäß ebenfalls vom Gußgewicht abhängen. Man wird also im ganzen und großen, ohne viele Fehler zu machen, sagen können, daß die gesamten für den Transport aufgewendeten Kosten durch Gewichtszuschläge zu erfassen sind. Über das Wesen der Transportkosten in der Gießerei gibt Zapf ausführlich Auskunft (30).

Die Kosten für das Trocknen werden im allgemeinen schwer für die einzelnen Formabteilungen getrennt zu ermitteln sein, da nicht immer getrennte Trockenöfen vorhanden sind. Immerhin wird man so genau wie möglich die Kosten für die einzelnen Öfen, das sind in der Hauptsache Kapitalkosten, Erhaltung, Ofenbedienung und Heizmaterial, erfassen und den einzelnen Abteilungen zuteilen. Es ist natürlich, daß man auch hier die Kosten pro Stück so verrechnet, wie es ihre natürliche Abhängigkeit ergibt. Es wären also sämtliche für das Trocknen aufgewendeten Kosten in eine Abteilung auf die zu trocknenden Formen umzulegen, d. h. alle Trockenkosten sind abhängig von Größe bzw. Gewicht der Form. Da dies aber auch wieder annähernd die Formmaterialmenge ist, wäre derselbe Schlüssel zu wählen, den man auch zur Verteilung des Formmaterials verwendet. Dabei ist jedoch zu berücksichtigen, daß nicht alle Formen in einer Abteilung getrocknet werden, ferner daß der Grad der Trocknung verschieden ist.

Maschinenformerei.

Man versteht darunter das Formen mit Formmaschinen. In vielen Betrieben findet man auch heute noch, daß die Neuerung in der Fertigung mit Hilfe der Maschinen noch keine Veränderung der Selbstkostenrechnung für diese Abteilung mit sich gebracht hat, daß vielmehr immer noch gleichmäßig für alle Abteilungen, auch für die Maschinenformerei, mit denselben Zuschlagssätzen gerechnet wird. Am schlimmsten ist es da, wo die Zuschläge ausschließlich auf den Formerlohn errechnet werden, da sich besonders diese Größe durch die Einführung der Maschinen grundlegend geändert hat (was ja auch schließlich der Zweck war). Es wird häufig vorkommen, daß wir in derselben Gießhalle bei Lohnzuschlägen in der Handformerei mit 100—200 und in der Maschinenformerei bis 800% zu rechnen haben. Zuschläge, die so hoch sind, bieten aber keine Sicherheit für Vermeidung grober Fehler; denn der Fehler wächst ja mit der Höhe des Zuschlages; wir müssen daher in der Maschinenformerei versuchen, andere Bezugsgrößen für die außer den direkten Kosten entstehenden Kosten zu finden.

Der Aufwand für die einzelnen Formmaschinen ist verschieden und oftmals sehr hoch; man ist daher genötigt, die Kosten für die einzelnen

Maschinen gesondert auszurechnen. Als Bezugsgröße für die auf jede einzelne Maschine zu verrechnenden Kosten wird die Stundenzahl gewählt, die die Maschine gearbeitet hat. Im Maschinenbau nennt man diese Kosten „Bankkosten". Als solche Kosten kommen in Frage (2), S. 37:

1. Kapitalkosten für die Formmaschine,
2. Unterhaltungskosten der Maschine nebst Zubehör,

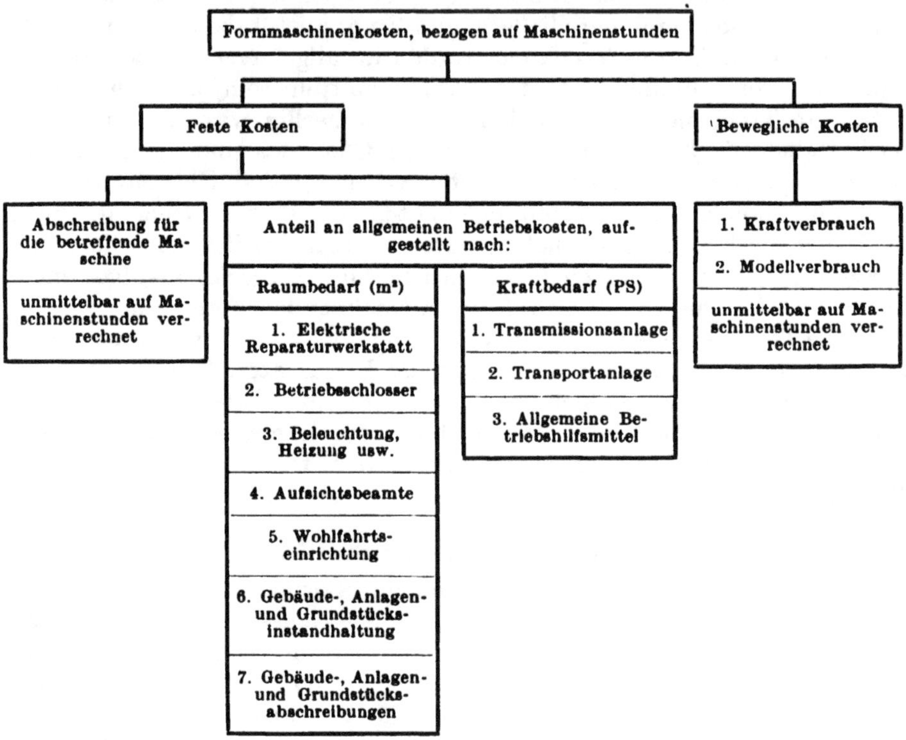

Abb. 10. Maschinenkostenschema.

3. Anteilkosten an Gebäuden und Grundstück,
4. Anteil für Beleuchtung und Heizung,
5. Anteil an Meister- und Aufsichtspersonal,
6. Unkosten für kleines Betriebsmaterial (Riemen, Schmieröl, Putzwolle u. dgl.),
7. Anteil an Modellabnutzung, Modellschlosserei, Werkzeugmacherei usw.,
8. Verbrauch an Betriebskraft,
9. Anteil an Arbeiterwaschraum, Kantine, Wohlfahrtseinrichtungen u. dgl., soweit diese nicht bereits bei der Lohnverrechnung erfaßt und auf die Löhne umgelegt sind.

Über die Aufteilung der einzelnen Kosten gibt Abb. 10 Aufschluß; mit Hilfe dieser Unterteilung wird der Betrag errechnet, mit dem die einzelne Arbeitsstunde, die Maschinenstunde, belastet werden muß; man nennt sie die Stundenziffer des Betriebsmittels (5), S. 281. „Ihr Wert würde die Miete oder die Pacht darstellen, welche die Arbeitsperson aufzubringen hätte, wenn Platzkosten zu bezahlen wären."

Diese Stundenziffer enthält sowohl die festen als auch die beweglichen Kosten, bezogen auf den Grad der Beschäftigung des Betriebes. Man kann verschiedener Meinung darüber sein, wie diese festen Kosten zu verrechnen sind. Es wird davon unter III. „Beschäftigungsgrad" die Rede sein. Im allgemeinen wird man bei der Vorkalkulation einen festen Satz für diese Kostenteile wählen, der aus einem größeren Zeitraum berechnet ist und der mittleren Beschäftigung entspricht. Jedenfalls ist es praktisch unmöglich, bei der Vorrechnung und Angebotstellung die jeweiligen Selbstkosten auf Grund des Beschäftigungsgrades voll zu berücksichtigen. Damit ist jedoch keinesfalls gesagt, daß sich die Betriebsleitung nicht vollständig klar darüber sein muß, wie gerade die Maschinenkosten und also auch die Stundenziffer von der Höhe der Beschäftigung beeinflußt wird. Man wird daher gut tun, sich für jede Maschine eine graphische Darstellung nach Abb. 11 zu machen, aus der zu ersehen ist, wie sich die Stundenziffer bei wechselnder Beschäftigung des Betriebsmittels verändert. Es wird nicht immer nötig sein, diese Verrechnung für einzelne Maschinen anzustellen, man wird oftmals auch Maschinengruppen gleicher oder ähnlicher Formmaschinen zusammenfassen können, insbesondere dann, wenn es sich um Gußstücke ähnlicher Art und Abmessung handelt. In solche Gruppenrechnung wird man dann vorteilhaft auch noch die Transporteinrichtung einbeziehen, die unmittelbar für diese Maschinengruppe arbeitet; ja man kann sogar noch weiter gehen, indem man den ganzen Kreislauf einer Produktion im fließenden Zusammenbau in eine einzige Beschäftigungskostenrechnung zusammenfaßt (23).

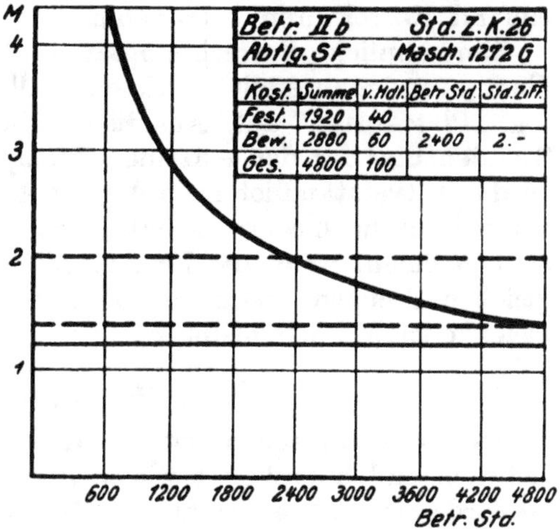

Abb. 11. Stundenziffer bei verschiedenen Betriebsstunden.

Für die Durchschnittsberechnung der Kostenziffer genügt eine Ermittlung, wie sie auf Abb. 12 gezeigt ist (5), S. 129. Hier erfolgt die Bestimmung der Stundenziffer in der Weise, daß für jede Bezugseinheit zuerst das Verhältnis zwischen dem Einzelanteil des vorliegenden Betriebsmittels und dem Gesamtanteil aller Betriebsmittel gebildet wird (oberer Teil der Karte). Die Kostenarten werden sodann nach Bezugseinheiten geordnet und im Vordruck angegeben; dann durch Division der voraussichtlichen Benutzungsdauer an Stunden in die Gesamtsumme der Aufwandsbeträge die Stundenziffer gebildet.

Wie schon oben erwähnt, verzichtet diese Art der Unkostenverteilung nach Verbrauch der Zeit auf eine fortlaufende Ermittlung der Stundenziffer und begnügt sich mit einer für lange Zeit gültigen. Da jedoch die zur Errechnung der Stundenziffer benutzte Zeit nicht immer mit dem wirklichen Verbrauch übereinstimmt, ist es notwendig, in solchen Fällen laufend Korrekturen vorzunehmen.

Eine ähnliche Verrechnungsart läßt sich auch auf die Handformerei übertragen; man stellt in diesem Falle für die einzelnen Formerplätze sog. „Platzkosten" auf. Aus diesen Platzkosten läßt sich dann leicht die Stundenziffer für den einzelnen Formplatz finden. Diese Stundenziffer wird selbstverständlich nach Art der Arbeit und verwendeten Materialien verschieden hoch sein. Es hat aber nur dann Zweck, solche Platzkosten zu berechnen, wenn die Formplätze auf längere Zeit sich räumlich in gleichen Grenzen halten und die Produktion auf den einzelnen Plätzen gleich oder ähnlich bleibt.

c) Kernmacherei.

In der Kernmacherei ist die Arbeit im allgemeinen nicht so unübersichtlich und kompliziert wie in der Formerei und das Feststellen der Akkorde macht keine so großen Schwierigkeiten. Dasselbe gilt auch für die Verteilung der Materialkosten auf das Stück. Es genügen daher bei gleichmäßiger Produktion einheitliche Lohnzuschläge. Insbesondere trifft dies zu, wenn es sich um die Herstellung gerader runder oder eckiger Kerne handelt. Es ist jedoch hierbei zu berücksichtigen, daß die Löhne — vorausgesetzt, daß die Akkorde richtig ausgerechnet sind — nicht in gleichem Maße wie das Kernvolumen wachsen.

Das Gesagte trifft jedoch nur für Kerne aus gleichem Material zu. Sind in einer Gießerei verschiedene Arten von Kernherstellung mit verschiedenem Material im Gebrauch, so ist für jede dieser Gruppen eine eigene Rechnung aufzumachen. Leber (3), S. 55, verlangt daher eine genaue Berechnung der einzelnen Kernmaterialien für das Stück ebenso wie beim Formsand. Aber auch hier ist wieder genau wie beim Formsand zu sagen, daß sich das nur in besonderen Fällen lohnen wird und daß eine genaue Ausrechnung von Kernvolumen und Materialzusammensetzung für alle Kerne viel zu umständlich und zeitraubend und daher praktisch nicht anwendbar ist. Es wird also genügen, entsprechend der Teilung der Formerei in einzelne Abtei-

Stundenzifferkarte für BU. F. 73

Nr.	Bezugseinheit	Gültig vom: 1. 1. bis 31. 12. 1920		
		Beträge		Verhältnis
		Einzeln	Gesamt	
1	Bestandwert M.	12 000	1 250 000	1 : 100
2	Lebensdauer Jahre	10	100	1 : 10
3	Kraftbedarf PS	3	50	1 : 17
4	Grundfläche qm	6	1 000	1 : 166
5	Raumbedarf cbm	50	10 000	1 : 200
6	Benutzungsdauer St.	2 400	48 000	1 : 20
7	PS-Stunden	4 800	77 000	1 : 16
8	Dampfverbrauch kg	—	—	—
9	Druckluftverbrauch cbm	—	—	—
10				

Anteil am Konto	Zu verteilen nach	Summen	Betrag
AM (8 + R + T +)	1	11 000	106
AMY	2	8 000	800
AMU	3	4 500	265
AM (E + S + Z +)	4	7 600	46
AM (G + H +)	5	10 200	51
AM (A + F + L + W +)	6	57 000	1850
AMK	7	13 000	750
AMQ	8	—	—
AMD	9	—	—
	10	—	—
Summe der Betriebsmittelkosten der Periode			4868
Stundenziffer des Betriebsmittels			2.—

Abb. 12. Stundenzifferkarte.

lungen, die Kerne ebenfalls getrennt zu berechnen, etwa nach folgenden Gruppen (3), S. 55:

1. In der Lehmformerei wird die Kernwand aus gleichem Material hergestellt wie die Form, nämlich aus Mauerstein, Mauerlehm und Schlichtlehm. Es wird daher derselbe Preis wie für das Formmaterial in der Lehmformerei einzusetzen sein.

2. In der Sand- und Masseformerei kommen in der Hauptsache Kerne aus Kernsand, d. i. Sand mit den üblichen Lockerungsmitteln, und Ölkerne zur Verwendung. Eine besondere Gruppe bilden die Kerne für Rohre, rohrartige Körper und Zylinder. Ihre Wandung wird aus einer Lehmmischung oder aus Lehmstein hergestellt und an der Drehspindel auf ein Strohmodell schabloniert. Weitere in der Kernmacherei verwendete Hilfsmaterialien sind Kerneisen, Koks und Haufensand als Füllmaterial, Wachsschnur, Strohseil und Kernstützen.

Die Berechnung des Kernmaterials geschieht genau so wie die des Formmaterials. Die Kosten für Trocknen und Transport sind zwar vom Volumen bzw. Gewicht abhängig und müßten infolgedessen auch auf dieses verrechnet werden. Man wird dies jedoch nur in besonderen Fällen machen, im allgemeinen wird man sich mit Zuschlägen auf die direkten Löhne begnügen.

Hat man es in der Kernmacherei mit Serienherstellung auf Maschinen zu tun, dann wird man ebenso wie bei Formmaschinen Stundenziffern ermitteln, indem man die Kosten für Erhaltung, Abschreibung, Aufsicht, Kraft usw. für die Maschine oder Maschinengruppe getrennt ermittelt und durch die Gesamtstundenzahl teilt.

d) Gußputzerei.

Die Putzerlöhne spielen im allgemeinen nicht dieselbe große Rolle wie die Fertigungslöhne in der Formerei und Kernmacherei. Die Arbeitsvorgänge in der Putzerei, die am meisten ins Gewicht fallen, sind die Beseitigung von Gußnähten und Eingüssen, Schweißen und ähnliche Arbeiten. Deshalb ist es auch nicht von derselben Wichtigkeit, Akkordlöhne einzuführen, im Gegensatz zur Stahlgießerei, wo die Putzerlöhne viel mehr ins Gewicht fallen. Im allgemeinen kann man folgende Methoden der Entlöhnung für Gußputzer unterscheiden:

1. fester Lohn auf die Gewichtseinheit,
2. der Lohn als Prozentsatz der Formerei- und Kernmachereilöhne,
3. Stückakkord.

Trotzdem diese Frage von untergeordneter Bedeutung ist, soll doch etwas näher darauf eingegangen werden, weil Arbeitsverteilung und Termineinhaltung häufig durch die unrichtige Entlöhnung für das Putzen des Gußstückes leiden. Einen Einheitspreis für das Putzen gleicher Gewichte festzusetzen ist unrichtig, da die Putzerarbeit nicht vom Gewicht abhängig ist. Es werden in der Zeiteinheit ganz verschiedene Gewichte geputzt; denn ob ein Stück viel oder wenig Mühe beim Putzen macht, hängt davon ab, ob es einfach und glatt ist, viel Ecken, Nocken, Vorsprünge und Durchbrechungen hat usw. (3), S. 114. Auch in solchen Betrieben, wo solche Gewichtsakkorde üblich sind, erkennt man diese Tatsache stillschweigend an, indem man den Arbeitern gleichzeitig schwere und leichte, einfache und komplizierte Stücke zu putzen übergibt, so daß also in jeder verrechneten Gewichtsmenge die Putzschwierigkeit ungefähr im selben Verhältnis enthalten ist wie in der gesamten Produktion. Dies ist natürlich rein betriebstechnisch gesehen ein Unding; denn man wird auf diese Weise nur schwer zur Vereinheitlichung und Vereinfachung des Arbeitsvorganges kommen.

Die einzig richtige Verrechnung ist auch hier wieder die Bestimmung des Stückakkordes. Man wird sie selbstverständlich nur da vornehmen, wo die Höhe der in Frage kommenden Löhne auch eine solche Arbeit lohnt und vor allen Dingen, wo es sich um Stücke handelt, die öfter abgegossen werden oder in Serien vorkommen. Die übrigen Aufwendungen für das Putzen sind in der Hauptsache Hilfsmaterial, wie Säuren, Sand, Kitt usw., Erhaltung und Erneuerung der Werkzeuge und Maschinen: Putztrommeln, Sandstrahlgebläse, Preßluftmeißel und Hammer, Schleifsteine, Bürsten usw., die Gehälter der Vorarbeiter, Transportmittel und sonstige Unkostenanteile für Gebäude, Verwaltung usw. Die Verteilung aller dieser Unkosten geschieht auf die direkten Löhne in der Putzerei bzw. wo solche nicht vorhanden sind auf die Lohnsummen der Former- und Kernmacherlöhne wie unter 2. ausgeführt. Am unrichtigsten ist die Verteilung auf das Gewicht.

Geschieht das Putzen des Gusses vornehmlich auf maschinellem Wege, so wird man für besonders teure Putzmaschinen dieselbe Verrechnungsmethode anwenden wie bei der Formmaschine, d. h. es sind Stundenziffern festzusetzen.

e) Modellschreinerei.

Die Modellschreinerei sollte möglichst getrennt von der Gießerei abgerechnet werden. Einmal sind dieselben Gründe maßgebend, die auch dazu führen, die einzelnen Abteilungen innerhalb der Gießerei gesondert zu verrechnen: nur dadurch ist es möglich, die Wirtschaftlichkeit des Betriebes, also in diesem Falle der Schreinerei, festzustellen. Viele große Gießereien, die ihre Modelle in eigenen Werkstätten herstellen, jedoch diese nicht getrennt abrechnen, würden sich wundern, wie unwirtschaftlich ihre Modellherstellung ist, und daß sie viel besser daran tun würden, Modelle auswärts zu beziehen oder ihre Tischlerei gründlich zu reorganisieren, wenn man ihnen die Selbstkosten ihrer Modelle genau vorrechnete. Ein weiterer sehr wichtiger Grund für die getrennte Abrechnung ist die Notwendigkeit, den Preis des einzelnen Modells zu kennen, wovon noch weiter unten die Rede sein wird.

Immerhin gehört das Modell meist unmittelbar zur Gußherstellung, wird von der Gießerei selbst geliefert und beim Verrechnen des Gusses in Rechnung gestellt. Eine Ausnahme bilden nur solche Gießereien, die ausschließlich Kundenguß machen und die Modelle von ihren Kunden zugestellt bekommen. Also müssen die Modellkosten auch irgendwie verrechnet werden. Das natürlichste ist, sie als Fremdmaterial zu behandeln und sie demgemäß zu verrechnen, wozu aber, wie schon oben bemerkt, Voraussetzung ist, daß man den Stückpreis des Modelles kennt. Ist dies nicht der Fall, so ist man genötigt, die gesamten Kosten der Modellschreinerei auf Betriebsunkosten zu nehmen, was nicht nur die Kontrolle der Modellherstellung selbst verhindert, sondern auch die Übersicht über die Wirtschaftlichkeit der anderen Betriebsabteilungen beeinträchtigt. Hat man jedoch den Stückpreis eines Modells, so gibt es wieder mehrere Möglichkeiten der Verrechnung.

1. Die Modellkosten können den einzelnen Aufträgen, für die sie bestimmt sind, zugeschlagen werden. Dies wird insbesondere dann immer der Fall sein müssen, wenn die Modelle speziell für diesen Auftrag angefertigt sind und auf Wunsch des Kunden andere vorhandene Modelle nicht verwendet wurden. Oftmals werden die Modellkosten im Verhältnis zum ganzen Auftrag sehr hoch sein. Es ist dann eine reine Frage des Verkaufs, ob diese Kosten im vollen Betrag dem Kunden in Rechnung gestellt werden oder ob das Werk einen Teil dieser Modellkosten übernehmen will. Gründe für letztere Verrechnung können darin liegen, daß man den Kunden dadurch gewinnen will; daß man diesen Verlust bei anderen Aufträgen an denselben Kunden auszugleichen hofft oder tatsächlich ausgleicht und andere mehr.

2. Können die Modellkosten zu den Betriebskosten geschrieben werden, d. h. die Modelle werden als persönliches Eigentum behandelt und wie die anderen Betriebseinrichtungen abgeschrieben. Werden bei den bestimmten Betriebsabteilungen nur einheitliche Gußstücke oder Serien derselben Type in verschiedenen Größen angefertigt, dann können zur Not die Modelle laufend für jede dieser Gruppe abgerechnet werden. Handelt es sich dabei um Formmaschinenbetriebe, so wird man die Modellkosten für jede einzelne Maschine berechnen, wie dies auch auf S. 38, Abb. 10 berücksichtigt ist. Auf diese Weise gelangen die Modellkosten auf dem Umweg über die Stundenziffer in die Kosten des Gußstückes. Dieser Weg ist aber, wie gesagt, nur bei Gruppen- oder Serienfabrikation gangbar. Sonst wird man stets bestrebt sein müssen, die Modellkosten aus der übrigen Selbstkostenrechnung der Gießerei auszuschalten.

Dasselbe, was für Holzmodelle gesagt ist, gilt auch für Modelle aus Metall, Steinmaterial und Gips, ebenso für Modellplatten. Werden die genannten Modellarten in eigenen Abteilungen hergestellt, so ergibt sich hier eine Abrechnung sehr einfach genau so wie der Holzmodelle. Kommen jedoch für diese Tätigkeit nur wenige Modellschlosser oder Modellformer in Betracht, die sonst mit anderen Arbeiten beschäftigt werden, so ist die Abrechnung zwar etwas schwieriger, es lassen sich jedoch auf Grund der Lohnkarten dieser Arbeiter ganz gut Verteilungsschlüssel nach ihrer Beschäftigung gewinnen, auf die man die übrigen Unkosten der Modellherstellung und Reparatur umlegen kann.

3. Vertrieb.

Der Vertrieb oder Verkauf ist eine rein kaufmännische Angelegenheit und soll daher auch hier nur ganz kurz behandelt werden. Wie schon unter ,,Verwaltungskosten" nachgewiesen ist, ist es verkehrt, die Vertriebskosten in die allgemeinen Unkosten oder gar in die Betriebsunkosten hereinzunehmen, da man hierdurch die Übersicht über die Wirtschaftlichkeit des technischen und kaufmännischen Teiles verliert. Man pflegt diese Vertriebskosten oft auch mit Handlungsunkosten zu bezeichnen (46), S. 8. In diesen Handlungsunkosten sind aber wie auch hier meist noch andere Verwaltungskosten, z. B. Einkaufskosten, Steuern usw. enthalten, die eigentlich nicht zu den Vertriebskosten gehören. Hierunter fallen ausschließlich:

die Gehälter der hier beschäftigten Beamten und Angestellten mit allen zugehörigen Unkosten an Gebäuden, Bureaumaterial usw.,

Kosten der Reklameabteilung,

Spesen für Reisende und laufende Provision der Vertreter,

fremde Vertretungen mit allen anteiligen Kosten,

Repräsentationsgelder bei Besuchen usw.,

kaufmännische Wagnisse und Ausfälle.

Die Verrechnung dieser Vertriebskosten auf die fertige Ware kann nach verschiedenen Gesichtspunkten erfolgen.

1. Nach Auftrag, d. h. man nimmt die Summe der in einem bestimmten Zeitabschnitt, z. B. einem halben Jahr, für diese Abteilung aufgelaufenen Kosten und teilt sie durch die Zahl der getätigten Verkäufe. Dann erhält man den für einen Verkauf zutreffenden Betriebskostenanteil. Diese Methode ist zwar theoretisch richtig, da im allgemeinen die Höhe der Vertriebskosten unverändert sein wird, ob es sich um wertvolle oder billige, große oder kleine Aufträge handelt. Praktisch wird es sich jedoch nicht immer durchführen lassen, wenn in einem Betriebe mit sehr ausgedehnter Verkaufsorganisation kleine Aufträge erledigt werden. Die Vertriebskosten können dann unter Umständen ein Mehrfaches vom Verkaufspreis betragen. Gerade aus diesem Beispiel kann man wieder sehen, wie notwendig es ist, sich solche Dinge zu überlegen, weil es einen wertvollen Beitrag zur Frage der Wirtschaftlichkeit kleiner Aufträge in großen Betrieben gibt. Freilich wird dies nur zutreffen, wenn der Betrieb voll beschäftigt ist. Ist es nicht der Fall, dann verteilen sich die Verkaufskosten auf wenige Aufträge und durch Hereinnehmen neuer, wenn auch kleiner Aufträge werden sich die Kosten pro Auftrag ver-

ringern, weshalb man also vom Kostenstandpunkt der Vertriebsabteilung solche Aufträge günstig hereinnehmen wird. Das sind jedoch rein kaufmännische Fragen und sollen daher hier nicht weiter erörtert werden.

2. Kann man die Vertriebskosten auch auf die Menge bzw. das Gewicht des abgelieferten Gußstückes umlegen. Dies wird sich jedoch nur dann empfehlen, wenn auch der Wert dieser Stücke, bezogen auf das Gewicht, ungefähr gleichbleibt.

3. Wird man wohl infolgedessen die allgemein übliche Methode der Verteilung der Verkaufskosten auf die Herstellungskosten vorziehen. Daraus ergibt sich dann, daß die

$$\text{Selbstkosten} = \text{Herstellungskosten} + \text{Vertriebskosten}.$$

Und wenn

$$v = \frac{\text{Summe der Vertriebskosten}}{\text{Summe der Herstellungskosten}} \text{ in der Zeiteinheit},$$

so sind die Selbstkosten $= v$. Herstellungskosten.

Wenn man zu diesen Selbstkosten noch den Gewinn hinzufügt, bekommt man den Verkaufspreis ab Werk bzw. ab eigener Versandstation, wenn die Kosten für eigenes Fuhrwerk usw. in dem Verkaufspreis enthalten sind. Übernimmt das Werk die Kosten bis zum Verbraucher, so kämen dann noch besondere Zuschläge hinzu, die für den Auftrag charakteristisch sind, wie Versicherung, Fracht, Zölle usw., soweit diese nicht anderweitig verrechnet werden.

II. Die Methoden der Selbstkostenberechnung.

Wir unterscheiden in der Hauptsache dreierlei Methoden zur Berechnung der Selbstkosten eines Gußstückes.

1. die Divisionskalkulation oder reine Teilungsrechnung,
2. die Stückkalkulation oder Stückpreisberechnung,
3. die Zuschlagskalkulation oder Zuschlagsverrechnung.

In einem normalen Gießereibetriebe kommt nur die Zuschlagskalkulation in Frage; es sind jedoch auch die beiden ersten Verrechnungsarten bekannt, und daher ist es nötig, von diesen zu sprechen, schon um die Notwendigkeit der Zuschlagskalkulation nachzuweisen.

1. Divisionskalkulation.

Unter Divisionskalkulation versteht man eine Selbstkostenberechnung des Fertigerzeugnisses, die darin besteht, daß man sämtliche in der Zeiteinheit im Betriebe entstandenen Kosten, also Material, Löhne und gemeinsame Kosten, durch die Bezugsgröße (Löhne, Gewicht des flüssigen Eisens, Gewicht der Ausbringung) in derselben Zeit teilt und daraus einen einheitlichen Preis für die Ware gewinnt (Abb. 13).

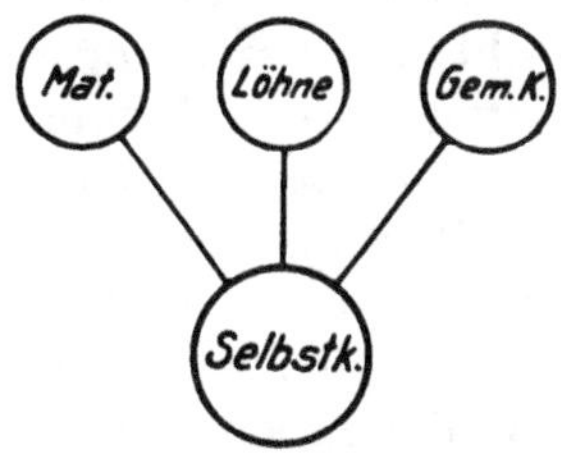

Abb. 13. Divisionskalkulation.

Als solche Bezugsgröße käme bei Gießereien das Gewicht des reinen abgelieferten Gusses, also der „Ausbringung“ in Frage. Auch die Löhne könnten als Bezugsgröße dienen, kommen aber praktisch nicht in Frage, da dies die Art eines Unternehmens, das so rechnet, nicht gestattet, wie wir bald sehen werden.

Es liegt nämlich im Wesen dieser Verrechnungsart, daß sie sich ausschließlich anwenden läßt auf Betriebe, die eine völlige Gleichförmigkeit der Erzeugung haben, was in Gießereien allerdings höchst selten der Fall sein wird. Aber anderseits ist es in Betrieben mit dieser Verrechnungsart nun meist nicht üblich, in Stücklohn oder Akkord zu arbeiten, wodurch sich ohne weiteres ergibt, daß sich die Arbeitszeit oder Löhne als Bezugsgröße schwer verwenden lassen. Wendet man aber eine solche Kalkulationsart in Gießereien an, die verschiedene Erzeugnisse fertigen, so begibt man sich der Möglichkeit, zu erkennen, welche Gußstücke man billig und welche teuer herstellt, gemessen am Durchschnittspreis. Man ist also infolgedessen niemals sicher, bei der geringsten Produktionsverschiebung schwere Verluste zu erleiden. Nehmen wir beispielsweise an, daß wir einen reinen Durchschnitts-100 kg-Preis des Gusses kennen und unser Guß zur Zeit dieser Berechnung zu einem bestimmten Prozentsatz aus großen und kleinen, sperrigen und kompakten, Sand- und Lehmformguß bestanden habe, dann kann es sehr leicht vorkommen, daß durch Veränderung der Konjunktur, der Erzeugungsbedingungen u. a. m. eine Veränderung dieses Verhältnisses in den Produktionsarten eingeführt wird; daß wir z. B. gezwungen werden, auf Kosten des kompakten Gusses sperrigen Guß zu bevorzugen. Dann werden wir unter Umständen empfindliche Verluste erleiden, weil wir das Maß nicht kennen, um das der sperrige Guß teurer ist als der aus dem Durchschnitt errechnete 100 kg-Preis. Es lassen sich noch viele andere Gründe gegen ein solches Verfahren anführen, die aber zu selbstverständlich und jedem Fachmann geläufig sind, als daß es notwendig wäre, näher darauf einzugehen.

2. Stückkalkulation.

Man versteht unter Stückkalkulation die genaue Kostenbestimmung des einzelnen Stückes. Der einzige Versuch, dies für die Gießerei praktisch durchzuführen, wurde von Leber (3) gemacht. Er steht auf dem Standpunkt, daß jede Kalkulationsformel, der es nur auf eine Annäherung ankommt, ungenügend ist, und daß tatsächlich der einzige Weg der Selbstkostenberechnung der ist, das genaue Maß alles Materials, sowohl des Fertigungsmaterials als auch des Hilfsmaterials, also Sand, Putzmaterial, Kernmaterial, alle Löhne, nicht nur die Fertigungslöhne, sondern auch die Hilfslöhne der Transportarbeiter, Aufbereiter, Verladearbeiter usw., ebenso die Verwaltungskosten genau für jedes einzelne Stück zu kennen. Daß dies wünschenswert ist, ist eine Binsenwahrheit. Daß dies möglich ist, versucht Leber praktisch nachzuweisen. Allerdings liegt diese seine Praxis ausschließlich in seinem Buche; denn Anwendungen seines Systems sind nicht bekannt geworden. Er arbeitet allerdings in seinem Buche mit konkreten Zahlen, die offenbar einem bestimmten Gießereibetrieb entnommen sind. Seine Ermittlungen jedoch sind rein theoretisch; er gibt auch nirgends die praktischen Hilfsmittel und Anweisungen zum Umsatz seiner Ideen in die Wirklichkeit.

Sein Grundgedanke ist, daß man erst dann eine Vorstellung von dem kalkulierten Stück bekommen kann, wenn man neben dem Eisenwert, dem Former- und Kernmacherwert auch das Formmaterial, und zwar getrennt nach Mantelmaterial, Kernmaterial und Formeisen auf das Stück berechnet und führt zu diesem Zweck den Begriff der „Formschwierigkeit“ ein (siehe auch S. 35ff.). Stellt man die fünf Momente: Formerlohn und Formmaterialwert, Kernmacherlohn und Kernmaterialwert sowie den Eisenwert des Stückes nebeneinander, so kann man den

Stückpreis eines Gußstückes bestimmen, vorausgesetzt, daß alle übrigen Kosten, deren Träger die genannten fünf Werte sind, auf diese in der richtigen Weise verteilt wurden. Wie man diese übrigen Kosten auf Löhne und Material verteilt, wird ausführlich beschrieben. Er teilt in allgemeine Unkosten und Fabrikationsunkosten. Die allgemeinen Unkosten, zu denen in der Hauptsache Kapitalkosten, Verwaltungskosten und ein Teil der Energiekosten gehören, werden zum Teil auf die Löhne, zum Zeil auf das Material mit 3, oft 4 Schritten umgelegt. Die Fabrikationsunkosten, die sich in der Hauptsache aus den Unkostenlöhnen und Unkostenmaterial, Kraftverbrauch usw. zusammensetzen, verteilt er auf die einzelnen Betriebsabteilungen, und zwar in jeder Abteilung wieder getrennt nach Fertigungsarten und weiterhin getrennt nach Löhnen und Material. Endlich werden alle Fabrikationsunkosten nochmals umgelegt auf ihre Endwerte, nämlich die verschiedenen Fertigungslöhne und die verschiedenen Haupt- und Hilfsmaterialien.

Auf diese Weise ist es ohne weiteres möglich, jedes irgendwie geartete Gußstück ganz genau zu ermitteln. Wenn wir untersuchen, wo eigentlich der Hauptunterschied zwischen dieser Art der Stückberechnung und den anderen üblichen Methoden der Zuschlagkalkulation liegt, dann kommen wir zu dem Ergebnis, daß der einzige grundlegende Unterschied eigentlich nur darin besteht, daß man bei der Zuschlagkalkulation die Hilfsmaterialien durch Zuschläge auf Gewicht oder Löhne, bei Leber direkt erfaßt. Man muß sich fragen, ob diese Hilfsmaterialien tatsächlich eine so wichtige Rolle spielen, daß ein so umständliches Berechnungssystem wie das von Leber vorgeschlagene sich auszahlt. Bei eingehender Prüfung werden wir zu dem Schluß kommen, daß das nicht der Fall ist. Bei normalen Gußstücken beträgt der Anteil an reinen Hilfsmaterialkosten ungefähr 10% der Gesamtkosten. Wenn sich nun tatsächlich durch eine genaue Stückberechnung heraustellt, daß wir bei der Durchschnittskalkulation das Hilfsmaterial um 10 oder 20% zu hoch oder zu niedrig angesetzt haben, dann werden wir immer erst einen Fehler von 1—2%, bezogen auf das Gesamtgußstück, haben. Dieser Fehler kann sich selbstverständlich ziemlich stark bemerkbar machen, wenn es sich um Massenfabrikation oder besonders schwere Stücke handelt. In diesem Falle ist es aber dann auch nötig, eine besondere Rechnung anzustellen, wie im Laufe der Arbeit bereits öfters nachgewiesen wurde. Dies wird sich um so eher ermöglichen lassen, als ein genauer Kostennachweis durch die Art der Betriebsbuchhaltung geführt wird.

Daß Leber im einzelnen und theoretisch meist recht hat, ist schon im ersten Teile der Arbeit nachgewiesen. So ist er beispielsweise der erste, der erkannt hat, daß die Modellkosten mit der Selbstkostenberechnung nichts zu tun haben, daß man die Kraftkosten auf Hilfs- und Arbeitsmaschinen richtig umlegen muß, daß der Abfall jedem Stück charakteristisch ist oder auf dieses verrechnet werden muß usw. Unrichtig ist bei ihm, daß er die höheren Verwaltungskosten und die Vertriebskosten ebenfalls auf die Abteilungen und die endgültigen Kostenträger umlegt. Ein großer Nachteil seiner ganzen Methode ist auch, daß man bei Änderungen nur irgendeiner der in Frage kommenden Kosten absolut nicht erkennen kann, wie das den Endpreis beeinflußt, ohne vorher das ganze umständliche System einer eingehenden Durchrechnung unterzogen zu haben.

Leber sagt in seinem Schlußwort wörtlich, „daß der hier vorgezeichnete Weg zunächst unbekümmert um die Praxis eingeschlagen wurde", und es der Praxis überlassen bleiben müsse, ob sie sein System anwenden kann. Der Versuch dazu ist bereits öfters gemacht worden, ist aber immer fehlgeschlagen.

Wir wenden uns daher der letzten der Kalkulationsmethoden zu, der

3. Zuschlagskalkulation.

Unter Zuschlagskalkulation ist jene Verrechnungsmethode zu verstehen, bei der die verschiedenen Unkosten, d. h. also alle diejenigen Werte, die nicht direkt erfaßt werden können, auf die direkten Werte zugeschlagen werden. Als solche direkten Werte kommen in der Gießerei in Frage das Gewicht der Ausbringung und die Löhne. Bei den Löhnen hat man dann meistens noch die Wahl zwischen Lohnsumme und Lohnzeit, vorausgesetzt daß in dem Betrieb, auf den die Verrechnungsmethode zugeschnitten ist, die Arbeitszeit der sog. produktiven Arbeiter, also die Fertigungszeit, auf das Stück bestimmt wird. Bei der nun folgenden Einteilung ist ausschließlich auf die Verteilung der sog. Betriebsunkosten Rücksicht genommen. Die Verrechnung der „Handlungsunkosten" läuft getrennt nebenher, da sie eigentlich nicht zur Fertigung gehören. Das System läßt sich also folgendermaßen formulieren:

Selbstkosten der Einheit = Fertigungsmaterial + Fertigungslöhne + Unkosten.

Wir unterscheiden folgende Systeme der Zuschlagverrechnung:

a) Zuschlag auf das Gewicht der Ausbringung,

b) Zuschlag auf die Fertigungslöhne,

c) Zuschläge geteilt auf Gewicht der Ausbringung und die Fertigungslöhne.

a) Verteilung der Betriebsunkosten auf das Gewicht der Ausbringung.

Als wichtigste Vertreter dieser Gruppe sind die Systeme Mehrtens (9), Rein (6) und das System der „Covny" der Vereinigung der niederländischen Eisengießereien (48) anzusehen. Sie unterscheiden sich nur in Einzelheiten voneinander und können infolgedessen durch ein gemeinsames Schema (Abb. 14) charakterisiert werden.

Im einzelnen berechnet Mehrtens:
a) Preis des Eiseneinsatzes auf 100 kg,
b) den Produktivlohn auf 100 kg,
c) die Betriebsunkosten in Prozent auf die Ausbringung.
Zu diesen Gestehungskosten kommt dann
d) Verwaltung als Prozentsatz von a + b + c,
e) ist dann der Selbstkostenpreis als Summe von a + d.

Das System Rein verfährt ebenso wie Mehrtens, nur daß es nicht die Former- und Kernmacherlöhne zu den Fertigungslöhnen rechnet, sondern nur die Formerlöhne, und die Kernmacherlöhne ebenfalls zu den Betriebsunkosten zählt. Ferner berechnet er die Betriebsunkosten nicht als Zuschlag auf die Ausbringung, sondern auf den Wert des aus dem Ofen austretenden flüssigen Eisens, weil der flüssige Eisenverbrauch für die Gußstücke verschieden hoch ist. Er begründet die Durchschnittsberechnung auf das flüssige Eisen damit, daß das Gewicht der Jahresproduktion im voraus sicher zu bestimmen sei und daß die Unkosten im direkten Verhältnis zum Umsatz stehen (6), S. 9. Der erste Punkt, den er für sein System anführt, ist durch nichts begründet. Man könnte ebensogut sagen, daß es in keinem Fabrikationszweig einen so unsicher im voraus zu bestimmenden Wert gäbe als das Gewicht der Jahresproduktion. Die Unkosten stehen allerdings im direkten Verhältnis zum Umsatz (Rein versteht hier unter „Umsatz“ das Gewicht), aber eben nur, wenn man die Unkosten so verrechnet, wie er es tut, und nicht in Wirklichkeit.

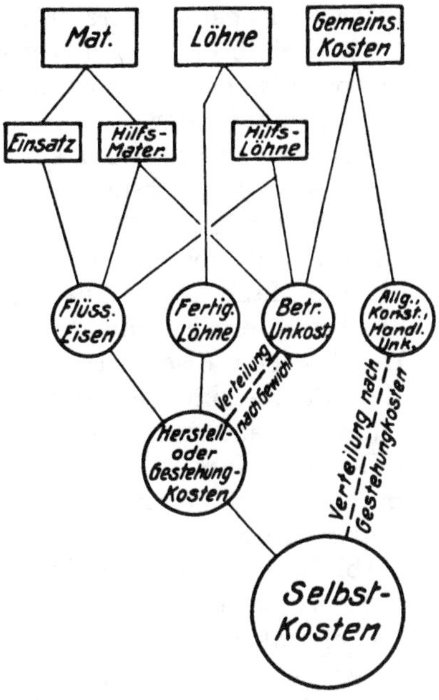

Abb. 14. Zuschlagskalkulation nach Gewicht.

Die Methode der „Covny“ unterscheidet sich von den beiden vorhergehenden in der Hauptsache dadurch, daß sie die reinen Kapitalkosten des Betriebes unter „konstante“ Kosten zusammenfaßt und auf den Gestehungspreis zuschlägt. Im übrigen ist die Verrechnung der Betriebsunkosten ebenso wie bei den vorhergehenden. Als Fertigungslohn kommt nur der Formerlohn in Frage. Bei der Berechnung des Eisens sind im Gegensatz zu Mehrtens und Rein die Einkaufskosten im Eisen enthalten, dagegen werden die Schmelzkosten nicht besonders verrechnet, sondern finden sich in den Betriebsunkosten (die hier allgemeine Unkosten genannt sind). Verluste durch Abfall und Ausschuß werden nicht berücksichtigt, sondern durch Beziehung der gesamten Unkosten auf die Ausbringung gedeckt.

Die Unrichtigkeit dieser Verrechnungsart ist im einzelnen schon im 1. Teil der Arbeit nachgewiesen. Gleiche Gewichte bedingen nicht immer gleichen Materialverbrauch, gleiche Hilfslöhne, gleichen Ausschuß usw. Eine solche Umlegung ist mindestens dann nicht zulässig, wenn es sich um Stücke mit ganz verschiedener Formschwierigkeit handelt. In diesem Falle gibt die zweite Methode besseren Aufschluß.

b) Umlegung der Betriebsunkosten auf die Fertigungslöhne.

Der wichtigste Vertreter dieser Methode ist die Harzburger Druckschrift. Bei ihrer großen Verbreitung in deutschen Eisengießereien ist es notwendig, genauer auf diese einzugehen. Abb. 15 gibt das Verrechnungsschema wieder.

Getrennt zu ermitteln sind

1. das flüssige Eisen,
2. die Fertigungslöhne,
3. die Betriebsunkosten,
4. die Handlungsunkosten,
5. besondere Zuschläge.

Im flüssigen Eisen ist der Preis des Einsatzes einschließlich Fracht und die Schmelzkosten enthalten; jedoch gehören zu diesen Schmelzkosten nur die Kosten für Hilfsmaterial, Hilfslöhne, Kraftverbrauch und Anteil am Laboratorium, während weitere gemeinsame Kosten, wie z. B. Abschreibung und Verzinsung, Verwaltung, Heizung, Licht, Gebäude nicht enthalten sind. Ferner wird gemeinsam mit dem flüssigen Eisen auch der Abfall berechnet, der sich nach 12 Gewichtsgruppen von Stücken bis 1 kg bis zu Stücken über 5000 kg staffelt. Der Abfall ist in jeder Gewichtsklasse charakteristisch und bewegt sich von 200%—7% für 100 kg Einsatz, wie schon oben (S. 20) ausgeführt. Ferner kommt dazu ein fester Satz für Ausschuß, der mit 8% angesetzt ist (siehe S. 27 ff.). Von dieser Summe wird dann in jeder Gewichtsklasse das durch Abfall und Ausschuß zurückkommende Gewicht zum Gußbruchwerte zurückgerechnet.

Die Fertigungslöhne enthalten alle Löhne für Formen, Kernmachen und Putzen einschließlich der produktiv arbeitenden Lehrlinge.

Unter Betriebsunkosten ist sämtliches Material mit Ausnahme des zu flüssigem Eisen verrechneten zu zählen. Ebenso ist es mit den Hilfslöhnen und den sonstigen Betriebsunkosten.

Zu Handlungsunkosten (Verkaufs- oder Geschäftsunkosten) gehören die Gehälter der kaufmännischen Beamten, Versicherungen, Zinsen für Betriebskapital, Steuern und Abgaben, Bureaumaterial, Wohlfahrtseinrichtungen und alle durch den Verkauf entstehenden Unkosten.

Endlich kommt der Zuschlag für Risiko und Gewinn, wobei im allgemeinen das „Fabrikationsrisiko“ zu berücksichtigen ist, während das

Ausschußrisiko für Material im flüssigen Eisen und für Löhne in den Unkostenlöhnen zu decken ist.

Die Zuschläge der Betriebsunkosten sind anteilig an den Fertigungslöhnen zu berechnen.

Wichtig ist die Anführung der Putzerlöhne in den Fertigungslöhnen, da „das Putzen unbedingt notwendig ist, um die Gußstücke in einen verkaufsfähigen Zustand zu bringen“. In der Druckschrift ist allgemein der Zuschlag auf die Lohnsumme angeführt. Es ist jedoch auch hier schon empfohlen, die Zuschläge lieber auf die Zeitwerte zu machen.

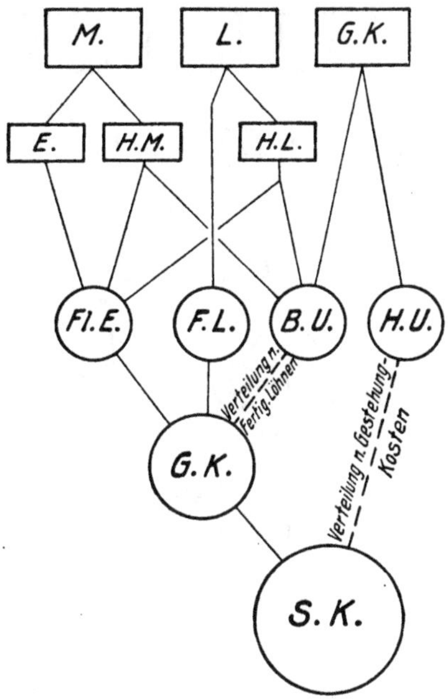

Abb. 15. Zuschlagskalkulation nach den Fertigungslöhnen.

Die Handlungsunkosten dagegen werden auf die gesamten Gestehungskosten zugeschlagen.

Für besondere Gußarten, z. B. Lehm- und Massenguß, feuer- und säurebeständigen Guß, Trockenguß, Qualitätsguß usw. sind besondere Zuschläge zu machen.

Während die meisten der genannten Faktoren bereits früher besprochen sind, ist es notwendig, auf diese Sonderzuschläge etwas einzugehen. Die normale Berechnung ist eine Durchschnittsverrechnung der Betriebsunkosten auf die Löhne. Besonders einfache Stücke, die weniger Unkosten verursachen, sind also ebenso darin enthalten wie besonders schwierige. Wenn man nun empfiehlt, für besonders herausfallende Stücke Aufschläge zu machen, so müßte ebenso warm empfohlen werden, für besonders einfache Stücke Abschläge vorzunehmen, wovon aber nirgends die Rede ist. Tatsächlich ist dieses System sehr brauchbar, wenn es sich um Stücke handelt, die nicht allzu sehr voneinander verschieden sind, oder wenn man dazu übergehen kann, für jede Gußart geteilte Betriebsunkostenzuschläge zu ermitteln.

Stark beeinträchtigt wird der erzieherische Wert der Druckschrift durch die angegebenen Zahlen für die Prozentsätze der Unkosten, Ausschuß- und Abfallwerte. Diese können im besten Fall gute Durchschnittswerte sein und sind als solche zu Vergleichszwecken von Wert; leider lassen sich viele Leute dadurch verleiten, diese Werte für ihre Betriebe einfach zu übernehmen und nicht mehr selbst zu rechnen, was natürlich nicht der Zweck von „Kalkulationsgrundsätzen“ sein kann und auch vom Verfasser der Druckschrift keineswegs beabsichtigt ist.

Eine Verbesserung dieses Systems ist durch eine Unterteilung der Zuschläge auf die Fertigungslöhne in den verschiedenen Abteilungen zu erreichen (53). Es ist ohne weiteres einleuchtend, daß ein gemeinsamer Zuschlag auf die Fertigungslöhne nur dann möglich ist, wenn die Löhne im Durchschnitt auf die Gewichtseinheit konstant sind. Weiterhin aber ist auch Voraussetzung, daß das Verhältnis zwischen Former-, Kernmacher- und Putzerlöhnen auf das Stück stets dasselbe bleibt.

Ist dies nicht der Fall, dann empfiehlt es sich, die Betriebsunkosten zu trennen in Betriebsunkosten der Formerei, Kernmacherei und Putzerei (Abb. 16). Haben nämlich diese drei Abteilungen verschieden hohe Unkostensätze, bezogen auf Lohn oder Lohnstunde — was in den allermeisten Fällen zutreffen wird — dann wird eine Durchschnittsverrechnung der Unkosten auf die gesamten Fertigungslöhne, wie sie die Harzburger Druckschrift vornimmt, nur dann richtig sein, wenn das Verhältnis zwischen Former-, Kernmacher- und Putzerlöhnen in jedem Fall gleich oder wenigstens annähernd gleich so ist, wie es die Durchschnittsverrechnung aus der Bilanz darstellt. Ist dies jedoch nicht der Fall, dann wird es häufig vorkommen, daß einzelne Gußstücke zu teuer oder zu billig berechnet werden.

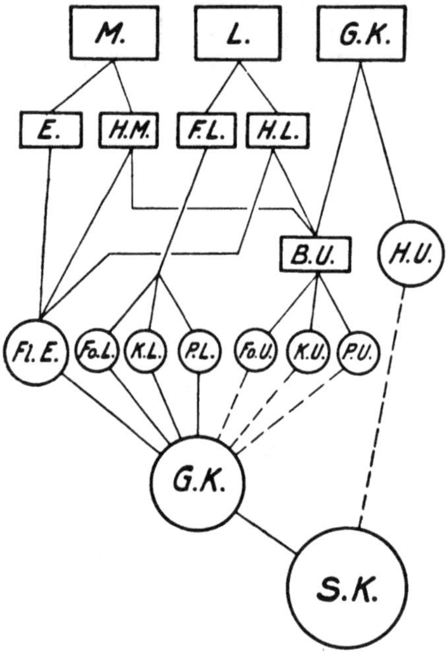

Abb. 16. Zuschlagskalkulation nach den Fertigungslöhnen getrennt in Formerei, Kernmacherei und Putzerei.

Gesetzt den Fall, daß z. B. die Gesamtrelation zwischen Former-, Kernmacher- und Putzerlöhnen 70, 20 und 10% betrüge, dann wäre bei einem Stück, das ein anderes Verhältnis der Fertigungslöhne aufweist, ein Ergebnis zu erwarten, das der durchschnittlichen Berechnung nicht entspricht. Haben beispielsweise die Former an diesem Stück anstatt 70% 80% Anteil, und die Unkosten der Formerei sind höher als die der Kernmacherei und Putzerei, so wird das Stück bei der Durchschnittskalkulation zu billig berechnet. Sind in demselben Falle die Unkosten der Formerei geringer wie die der Kernmacherei und Putzerei, dann wird das Stück im Durchschnitt zu teuer sein. Diese Erkenntnis hat dazu geführt, daß in einem Betriebe, der die Methode der Zuschlagsberechnung auf die gesamten Fertigungslöhne hatte, eine solche Unterteilung vorgenommen wurde (53). Es hat sich gezeigt, daß dadurch nicht nur wichtige Erkenntnis über die Gestehungskosten einzelner Gußarten und besonderer Stücke vermittelt wurde, sondern daß auch eine solche Unterteilung wichtige Aufschlüsse über die Betriebsverhältnisse der Unterabteilung zu geben in der Lage ist, wovon noch später die Rede sein wird (siehe S. 69).

c) Zuschläge geteilt auf Gewicht der Ausbringung und Fertigungslöhne.

Es wurde im Verlauf der Arbeit schon mehrfach nachgewiesen, daß nicht alle Unkosten des Betriebes entweder von den Löhnen oder vom Gewicht abhängig sind, sondern daß man im allgemeinen zwei Gruppen von Unkosten unterscheiden kann, die entweder von den Löhnen oder vom Gewicht abhängen. Je nach Art der Produktion und der Betriebseinrichtungen wird selbstverständlich die Zugehörigkeit zu einer der beiden Gruppen verschieden sein, und es lassen sich infolgedessen keine allgemeinen Normen aufstellen. Aus der Lage der Dinge jedoch läßt sich ohne weiteres sagen, daß ein solches System der Unkostenverrechnung den meisten Anspruch auf Genauigkeit machen kann. Es ist das Verdienst Messerschmitts (4), dies erkannt und in seinem Buche auseinandergesetzt zu haben. Um nach seiner Methode richtig kalkulieren zu können, muß man folgende Werte bilden:

a) einen Wert für den Schmelzprozeß, bestehend aus Hilfsmaterial, Hilfslöhnen, Unterhaltung und Bedienung des Kupolofens und der Pfannen sowie Herbeischaffung des Rohmaterials;

b) einen prozentualen Wert, der mit den Herstellungskosten des Gegenstandes, dem Formerlohne, direkt steigt und fällt und ganz unabhängig ist von dessen Gewichte;

c) die Feststellung eines Betriebsmaßes, durch welches der jeweilige Wert der Betriebskosten, wie Magazinkosten, Gebäudeunterhaltung, Krankenkasse, Porto, Spesen, Steuern, Allgemeinbeleuchtung, Dampf, Heizung, Gehälter und Zinsen gedeckt wird.

Wenn also alles, was hier nicht enthalten ist, zu den unter a) angeführten Posten auf das Gewicht geschlagen wird, haben wir in dem sog. Betriebsmaß, das das Verhältnis aus der Summe der unter c) angegebenen Betriebskosten einerseits und den Fertigungslöhnen andererseits darstellt, einen Lohnzuschlag zu erblicken.

Wenn auch der Grundgedanke dieses Systems, wie schon oben ausgeführt, richtig ist, so sind doch die Einzelheiten der Zuteilung der einzelnen Kosten zu den beiden Gruppen nicht einwandfrei. Insbesondere ist es ganz unzulässig, alle Kapitalkosten auf die Löhne zu verrechnen. Nun verfolgt Messerschmitt mit der Bildung dieses Betriebsmaßes

$$\frac{\text{Gehälter} + \text{Zinsen} + \text{Betriebskosten}}{\text{Former} + \text{Kernmacherlöhne}}$$

außerdem noch einen anderen Zweck. Er will nämlich mit Hilfe dieses Maßes einen Konjunkturmesser für die Gießerei aufstellen. Es ist einleuchtend, daß man den Einfluß des Beschäftigungsgrades ohne weiteres erfassen kann, wenn man die festen Kosten — um diese handelt es sich hier offenbar — in Beziehung zu den Löhnen setzt. Es ist jedoch nicht wünschenswert, diesen Faktor in die Selbstkostenberechnung hereinzubringen, da man insbesondere bei der Preisabgabe mit Durchschnittsfaktoren rechnen muß, die von der Konjunktur unabhängig sein bzw. einen Mittelwert darstellen sollen. Die Berücksichtigung und der Nachweis über den Einfluß der Schwankungen durch die Beschäftigung sind vielmehr eine Aufgabe der Erfolgsrechnung, von der im letzten Kapitel dieser Arbeit noch gesprochen wird.

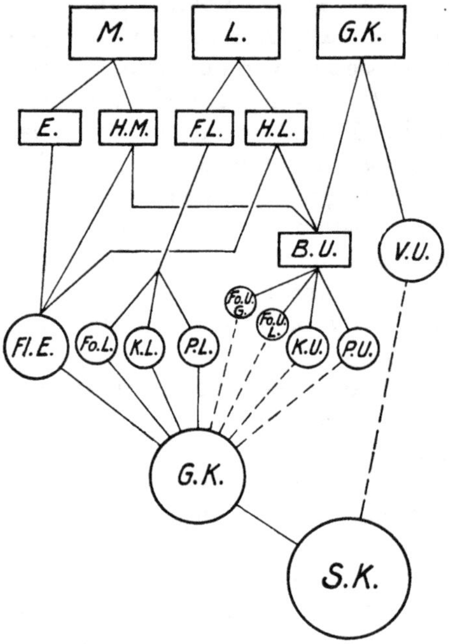

Abb. 17. Zuschlagskalkulation nach Gewicht und Löhnen.

Besser als Messerschmitt führt das Prinzip der Zweiteilung der Unkosten in solche, die vom Gewicht, und solche, die von den Löhnen abhängen, ein System durch, das die amerikanische „National Association of Cost Accountants" veröffentlicht hat (52) (Abb. 17). Hier werden vor allem im Gegensatz zu Messerschmitt alle Kosten des Verkaufs vollständig aus der Rechnung herausgelassen. Ebenso gehören Verwaltungskosten als Zuschlag zum Gestehungspreis und fallen infolgedessen vollständig aus der Betriebsrechnung heraus, was ja auch, wie schon öfter nachgewiesen, die einzig richtige Verrechnungsmethode ist.

Da die Veröffentlichung sehr gut durchgearbeitet ist und das beste darstellt, was es bis jetzt an Selbstkostenberechnungssystemen für Gießereien gibt, auch in Deutschland noch nicht veröffentlicht ist, empfiehlt es sich, etwas genauer darauf einzugehen.

Das System sieht eine Einteilung in Werkstoff- und Arbeitskosten vor. Es benutzt dazu eine Teilung in folgende Gruppen:

Gruppe 1: Kosten für flüssiges Eisen,

Gruppe 2: für direkte Arbeit (Fertigungslöhne),

a) Former,

b) Kernmacher,

c) Putzer;

Gruppe 3: Formerunkosten — auf die Formerlöhne bezogen,
Gruppe 4: Formerunkosten — auf das Gußgewicht bezogen,
Gruppe 5: Kernmacherunkosten,
Gruppe 6: Putzerunkosten.

Im folgenden werden die einzelnen Gruppen eingehend besprochen, und zwar so, daß die Buchhaltung zur Konteneinteilung Anhaltspunkte daraus gewinnen kann. Die Voraussetzung für diese Gruppeneinteilung ist allerdings, daß die sog. Gemeinkosten auf besondere Konten gesammelt und mit Hilfe von Schlüsseltabellen verteilt werden können, so daß diese Gruppeneinteilung bereits die erste Umlegung darstellt.

Gruppe 1: Kosten für flüssiges Eisen.

A. Dieser Abschnitt umfaßt:

1. Roheisen und Bruch einschl. Anfuhr, Kosten des Abladens und Aufstapelns, ebenso Eisenzusätze,
2. Brennstoff für den Kupolofen einschl. Anfuhr und Entladen,
3. Beförderungskosten für 1 und 2 vom Lager zur Gicht, Lohn für Gattierungsmeister und Helfer, Kran- und Aufzugsleute, ebenso Vorarbeiterlohn,
4. Flußmittel und andere Beimengungen,
5. Reparatur und Unterhalt von Kupolofen, Gicht, Kran einschl. Erneuerung aller Werkzeuge,
6. Laboratoriumsausgaben, Hilfsmittel, Instandhaltung der Ausrüstung,
7. Anteile der folgenden Positionen:
   a) Versicherung und Miete. Schlüssel: Bodenraum und Ausrüstung,
   b) Abnutzung der Gebäude: Schlüssel: Zunächst Gebäude gemäß ihrem Wert und dann Räume gemäß Bodenmaß,
   c) Abnutzung aller Gebrauchsgegenstände: Schlüssel: Ihr Wert,
   d) Erhaltung von Grund und Gebäuden. Schlüssel: Wie in b.
   e) Licht, Heizung und elektrische Kraft. Schlüssel: Messer oder Schätzung durch den Betriebsleiter,
   f) Betriebsbureau, Gehälter und Ausgaben, Überwachung, Portier, Telephon, Arbeiter- und Angestelltenversicherung. Schlüssel: Lohnliste der Angestellten,
   g) Lägerunterhaltung. Schlüssel: Schätzung durch Lagerverwalter.

Gruppe 2: Direkte Arbeit.

A. Direkte Formerarbeit (Former und Hilfsarbeiter). Hierbei gibt es drei Möglichkeiten:

a) entweder Stückpreis als Lohnverteilungsschlüssel oder tatsächliche Formkosten,
b) Durchschnittskosten früherer, ähnlicher Gußstücke,
c) Schätzung durch Meister.

Die bei diesem Abschnitt gemachten Erwägungen, die auch für B gelten, erhalten ihren Sinn, wenn es sich ausschließlich um Vorkalkulation handelt, da anzunehmen ist, daß in jeder gutgeleiteten Gießerei nach Fertigstellung der Arbeit entweder die Löhne oder die Arbeitszeit für das Stück dem Kalkulator zur Verfügung stehen.

B. Direkte Kernarbeit: ebenso wie in A.

C. Direkte Putzerarbeit: die Beträge ergeben sich nach zweifachen Methoden.

a) Man gebrauche den Stückpreis, wo man auch Formstückpreis anwendet, und schätze ihn für solche Modelle, bei denen ein solcher Preis nicht besteht.

b) Wenn a nicht durchführbar ist, bestimme man das Verhältnis von gesamter Putzerarbeit zu Former- und Kernmacherarbeit und wende diese Prozentzahl auf jedes Stück an, um damit die direkte Putzerarbeit festzustellen. (Siehe auch S. 42.)

Die direkten Kosten für die Arbeit solcher Ausschußstücke, die unter die Betriebsunkosten zu rechnen sind, und nicht dauerhafte Gießereihilfsmittel (sowie Formkästen, Gewichte, Spindeln) sind nicht in diesen Abschnitt einbegriffen, und zwar deshalb, weil sie als Betriebsunkosten behandelt und diese zum Bruchwert kreditiert werden müssen.

Gruppe 3.

A. Formereiunkosten, Formerlöhne als Schlüssel.

1. Gehälter der Meister in der Formerei.
2. Heizung- und Lichtanteil. Verteilung nach Gebäuden und Räumen nach Bodenmaß.
3. Erhaltung der Gebäude und des Grundes. Anteil: Wie unter 2.
4. Versicherung und Mieteanteil: Verteilt nach dem Wert der Gebäude als Verteilungsschlüssel und den Räumen gemäß ihrem proportionalen Raumanteil (nur für Gebäude und Ausrüstung, die hier erfaßt werden). Arbeiter-Invalidenversicherung und Angestelltenversicherung wird in den einzelnen Abteilungen nach den Lohnlisten (wie in Gruppe 1) verteilt.
5. Abnutzung der Gebäude. Anteil: Nach Wert der Räume bzw. Gebäude als Verteilungsschlüssel.
6. Generalausgabenanteil: Verteilt auf die Abteilungen nach Grundlage der Lohnlisten. Darunter gehören Gehälter für Angestellte, Instandhaltung der Bureauausstattung und andere Ausgaben, die anderweitig nicht einbegriffen sind.
7. Gehälter der Schreiber in der Formerei.
8. Ausschußstücke. Falls solche für besondere Aufträge einzelner Abnehmer eintreten, kann man sie den Kosten dieses Auftrages zuschlagen. Wenn sie sich jedoch auf die laufende Erzeugung beziehen, mag man sie den direkten Kosten — wenn das möglich ist —

zuordnen, oder wenn nicht, den allgemeinen Betriebsunkosten. In solchem Falle kann man je nach dem Grunde des Ausschusses die Verluste zu den Formerarbeitunkosten oder Kernmacherarbeitunkosten rechnen. Dieser Zuschlag soll die Gesamtkosten des Stückes abzüglich des Bruchwertes betragen; der letztere muß dem Gußbruchkonto wieder gutgeschrieben werden.

Außerdem ist zu beachten, daß die Kosten des Ausschußstückes beim Zuschlag zu den Betriebsunkosten rein als Arbeit- und Materialkosten — ohne die Betriebsunkosten — zu rechnen sind.

Gruppe 4.

B. Formereiunkosten, Gewichtschlüssel.

1. Formerstoffe: Sand, Sägespäne, Melasse, Mehl, Steinkohle, Koks, Öl, Puder, Nägel usw.
2. Beförderungsmittel und ihre Erhaltung. Elektr. Zugkarren, Kräne usw.
3. Reparaturen, Erneuerung, Ausfütterung der Pfannen.
4. Betriebskraft für Kran, Sandaufbereitung, Formmaschinen usw. Bestimmt durch:
   a) dauerndes Ablesen vom Messer,
   b) zeitweiliges Ablesen vom Messer,
   c) Pferdekräfte.
5. Reparatur und Erneuerung von Treibriemen und Transmissionen.
6. Lohn für Entladen, Aufbereiten und Anfahren von Sand; wenn möglich, nehme man die Entladungskosten zum Sandpreis hinzu.
7. Anteil für Läger (a) und alle Ausgaben für die Speditionsabteilung (b).
   a) Bestimmt durch den Wert der Werkstoffe,
   b) bestimmt nach der Gewichtsgrundlage.
8. Versicherung und Miete: Formmaschinen- und Ausrüstungsanteil: Nach der Bewertung, mit Ausnahme für die Plätze, bei denen die Maschinen und das persönliche Eigentum nicht schätzbar sind; der tatsächliche Stand der Miete sollte ganz auf den Wert der Gebäude verteilt werden (s. Gruppe 3/4).
9. Entwertung, Formerwerkzeuge. Anteil: Wert.
10. Ausbesserungen und Erneuerungen von Gießereigegenständen: Kleine Handwerkzeuge, Formkästen, Schiebkarren, Azetylen-Schweißapparat, Formmaschinen, alles, was zum Formen nötig ist.
11. Reparaturen, Abnutzung und Erneuerung von Modellen. Besondere Modellkosten, die zu einem einzigen Auftrag gehören, sollten diesem zugeschlagen werden. Neue Typenmodelle mag man zum persönlichen Eigentum rechnen und demgemäß abschreiben oder den Produktionskosten zuschlagen, je nachdem sich hierfür Ausgaben ergeben.

12. Arbeitskosten für den Transport von Modellen und Formkästen vom Lagerraum.

Gruppe 5.

C. Kernmachereiausgaben.

1. Werkstoffe: Kernsand, Steinkohle, Melasse, Kernöl, Kernmasse, Mehl, Nägel, Spindeln usw.
2. Gehalt des Kernmachermeisters.
3. Lohn des Trockenkammerheizers und -trockners.
4. Feuerung für Trockenöfen.
5. Arbeit für Mischen und Beförderung von Kernsand.
6. Generalausgabenanteil: Verteilt nach Räumen auf Lohnlistenschlüssel (s. Gruppe 3/6).
7. Erhaltung von Grund und Boden. Anteil: Wie Gruppe 3 Abs. 3.
8. Versicherung und Miete. Anteil: Verteilt nach Gebäuden und Abteilungen. Wenn Mietsanteile auch auf Maschinen und Ausrüstungen entfallen, ebenso wie auf die Immobilien, muß auch dieser Wert mit in Betracht gezogen werden. Arbeiter- und Angestelltenversicherung nach Abteilungen: Lohnlistenverteilungsschlüssel.
9. Abschreibung. Anteil:
   a) Gebäude nach Bodenmaß,
   b) Ausstattung nach Wert.
10. Licht, Heizung, Kraft. Anteil: Verteilt nach Gebäuden und Bodenmaß; Kraft verteilt nach:
    1. dauerndem Ablesen am Messer,
    2. zeitweiligem Ablesen am Messer,
    3. Pferdekräften.
11. Betrieb und Unterhalt von Kranen.
12. Reparaturen und Erneuerungen von Werkzeugen, Kernbüchsen usw. Besondere Kernbüchsen auf besonderen Auftrag geschlagen. Neue Typenbüchsen werden als Eigentum verbucht und demgemäß abgeschrieben oder zu den Betriebsunkosten gerechnet.
13. Gehälter der Werkstattschreiber in der Kernmacherei.
14. Läger. Anteil: Materialwert.
15. Ausschuß, der durch fehlerhafte Kerne verursacht ist (nach Beschreibung Gruppe 3/8).

Gruppe 6.

D. Putzereikosten:

1. Putzmittel: Säuren, Abblasesand, Kitt usw.
2. Reparaturen und Erneuerungen der Ausstattung: Trommeln, Preßluftwerkzeuge, Schleifsteine, Bürsten usw.
3. Gehälter der Feiler- und Putzermeister.
4. Generalausgaben. Anteil: Wie Gruppe 3/6.

5. Erhaltung von Grund und Boden.
6. Betrieb und Unterhalt von Kränen.
7. Licht, Heizung und Kraft.
8. Versicherung und Miete.
9. Abschreibung:
   a) Gebäude,
   b) Einrichtung.

Die Betriebsunkosten sollen folgendermaßen verteilt werden:

1. Formerunkosten:
   a) Direkte Arbeit als Verteilungsschlüssel, umgelegt auf den Formerlohn nach Maßgabe einer Prozentzahl, die die Beziehung der normalen indirekten Ausgaben laut Gruppe 3 zu den direkten Fertigungslöhnen in der Formerei angibt.
   b) Gewichtsgrundlage, umgelegt als eine bestimmte Rate je Kilogramm, die sich aus den Kostenanteilen der Gruppe 4 im Verhältnis zu dem Normalgewicht der Erzeugung einer Abteilung ergibt.
2. Kernmacherunkosten. Prozentzahl aus Unkosten (Gruppe 5) und Kernmacherlöhnen für die betreffende Erzeugung.
3. Putzerunkosten. Entweder durch Aufteilung über die direkte Arbeitsleistung der Putzerei, oder, falls dieses durch die Vielgestaltigkeit der Stücke nicht möglich, als Element der Former- und Kernmacherunkosten auf der direkten Arbeitsgrundlage.

Neben der Doppelteilung der Unkosten ist bei der Durchführung der Selbstkostenberechnung besonders bemerkenswert, daß die weitgehende Unterteilung der Unkosten eine äußerst genaue Erfassung bei stückweiser Verrechnung gewährleistet. Wir haben hier eine Methode, die sich ohne große Schwierigkeiten durchführen läßt und dennoch einige Gewähr für Sicherheit bietet, ganz besonders dann, wenn man dazu übergeht, die Gewichtszuschläge noch besonders zu staffeln, etwa nach solchen für Massiv- oder Hohlguß oder nach irgendwelchen anderen Gesichtspunkten, wie sie die Sonderheit eines Betriebes erfordert.

Bedenklich scheint die Umlegung eines Teiles der Generalunkosten auf die einzelnen Abteilungen zu sein. Man ist bei der Wahl des Schlüssels stets auf Schätzungen angewiesen, weshalb es eigentlich keinen Zweck hat, diese Unterteilung, die Mehrarbeit bedeutet, vorzunehmen. Außerdem hat ein solches Verfahren auch noch den weiteren Nachteil, daß die Übersicht über die Wirtschaftlichkeit einzelner Abteilungen und die Leistungsnachprüfung durch die Hinzufügung der Generalunkosten gestört wird. Aus diesem Grunde nehmen andere amerikanische Systeme diese Unterteilung nicht vor, sondern berechnen die Generalunkosten auf Herstellungskosten oder Umsatz.

Das System dieser Selbstkostenberechnung ist auf eine Art von Gießereien zugeschnitten, wie sie auch in Deutschland sehr häufig zu finden sind. Im Gegensatz zu den wenigen amerikanischen Massengießereien, bei denen es in der Natur der Produktion liegt, daß eine viel einfachere Selbstkostenrechnung und eingehendere Statistik und Erfolgsüberwachung angewandt werden muß, handelt es sich hier um die möglichst genaue Erfassung der Kosten für die einzelnen Typen der Stücke, wie das in jeder Gießerei nötig ist, die sich mit Kundenguß, und zwar hauptsächlich mit Maschinenguß beschäftigt und eine große Anzahl verschiedener Modelle abgießt. Das System ist aber anderseits so stark unterteilt und erfordert eine verhältnismäßig so große buchhalterische Arbeit, daß es sich nur für große, höchstens mittlere Gießereien von 200 Arbeitern aufwärts anwenden läßt. Die weitere Unterteilung ist leicht möglich, da nur die Richtlinien zur Erfassung und Unterteilung der Kosten gegeben sind und es jedem einzelnen überlassen bleibt, sie auf die eigenen Verhältnisse anzuwenden. Es hat ferner den großen Vorteil, daß seine Anwendbarkeit durchaus erwiesen ist, da es bereits in vielen amerikanischen Gießereien im Gebrauch ist. Die Zuteilung der Betriebsunkosten zu einer der beiden Gruppen Gewichts- bzw. Lohnzuschlag stützt sich auf eingehende Untersuchungen in ungefähr 150 amerikanischen Gießereien. Es hat sich dabei gezeigt, daß ungefähr 40% der Betriebsunkosten auf die Löhne und 60% auf das Gewicht fallen. Es ist allerdings dabei zu berücksichtigen, daß es sich bei dieser Zweiteilung nur um die Betriebsunkosten der Formerei handelt, während Kernmacherei und Putzerei noch einheitliche Lohnzuschläge haben. Folgerichtigerweise müßten ja wohl auch in der Kernmacherei und Putzerei die Betriebsunkosten getrennt nach Löhnen und Gewicht verrechnet werden. Der Fehler, der jedoch gemacht wird, wenn man in beiden Abteilungen nur nach Löhnen verrechnet, ist lange nicht so groß wie in der Formerei, da die Art der Arbeit viel gleichmäßiger mit den Fertigungslöhnen zusammenhängt wie in der Formerei, wie bereits mehrfach ausgeführt. Immerhin ließe sich dies System jedoch auf diese Weise noch weiter vervollständigen.

4. Zusammenfassung.

Wir haben gesehen, daß die einfachste Art der Selbstkostenrechnung in der Gießerei die Divisionskalkulation oder reine Teilungsrechnung, daß die schwierigste und umständlichste die Stückkalkulation oder reine Stückpreisberechnung ist. Wir haben weiter gesehen, daß sich die reine Divisionskalkulation überall anwenden läßt, daß sie jedoch richtig nur in solchen Betrieben ist, in denen ein einziges Fertigerzeugnis hergestellt wird, wobei es gleich ist, aus wieviel verschiedenen Einzelteilen sich dieses Fertigerzeugnis zusammensetzt. Im Gegensatz dazu wäre die ideale Selbstkostenberechnung für solche Betriebe, die viel verschiedene Fertigerzeugnisse hervorbringen, die reine Stückpreisberechnung. Die Gründe gegen die Einführung dieser Methode sind ihre Schwerfälligkeit in der Anpassung an Veränderungen und das Übermaß an Organisationsarbeiten, die ihre Durchführung erfordert. Es ist daher bereits nachgewiesen worden, daß nur die Zuschlagskalkulation oder Zuschlagsverrechnung Aussicht auf wirtschaftlichen Erfolg haben kann.

Obwohl nun im Grunde genommen die Zuschlagsverrechnung nur für Betriebe mit verschiedenen Enderzeugnissen in Betracht käme, so wäre es doch kein Fehler, auch bei Betrieben mit Massenerzeugung, wie z. B. Handelsgießereien die Zuschlagsverrechnung anzuwenden, weil sie zwar hier nicht im Endzweck notwendig, jedoch mittelbar von sehr großem Nutzen ist. Wie schon öfter erwähnt und im letzten Kapitel noch ausführlich behandelt, kann eine richtige Betriebskontrolle und Übersicht über die einzelnen Kostenarten und Kostenträger, deren Behandlung und Wirtschaftlichkeit nur durch eingehende Aufzeichnungen durch die Betriebsbuchhaltung erfolgen, wie sie eine Zuschlagsverrechnung nötig macht. So kann beispielsweise der Einzelverbrauch an Hilfsmaterialien nur durch eine kontenweise Verteilung auf Grund von Belegen der Materialausgabe erfolgen. Der Kraftverbrauch kann nur durch richtige Verteilung des Kraftstromes und der sonstigen Kraftmaschinenkosten überwacht werden; diese Beispiele lassen sich beliebig vermehren.

Wenn auch der letzte Zweck der Selbstkostenrechnung die Bestimmung des Endpreises ist, so ist doch ganz allgemein die Erkenntnis durchgedrungen, daß es mindestens ebenso wichtig sei, die Verteilung der Kosten auf die einzelnen Vorgänge der Fertigung zu kennen. Schematisch gesehen findet diese Verteilung so statt, daß — um das Beispiel eines Großbetriebes anzunehmen — möglichst alle verteilbaren Kosten auf die einzelnen Betriebe des Unternehmens umgelegt werden (Betriebskosten), daß ferner diese einzelnen Betriebe wiederum ihre anteiligen Kosten auf ihre Abteilungen umlegen (Abteilungskosten) und diese Abteilungen wiederum versuchen, nach Möglichkeit die Kosten ihrer einzelnen Fertigungsgänge zu bestimmen. In einem Großbetriebe würde es sich also darum handeln, alle Kosten mit Ausnahme der sog. Generalunkosten (also für Hauptverwaltung und ähnliches) auf die einzelnen Betriebe, z. B. Graugießerei, Stahlgießerei, Maschinenfabrik usw. umzulegen. Die Gießerei hätte die Umlegung vorzunehmen auf Handformerei, Maschinenformerei, Modellwerkstatt, Glüherei, Lackierwerkstatt usw. Die Maschinenformerei wiederum hätte festzustellen die Kosten für einzelne Formmaschinengruppen, für einzelne Formmaschinen, für die Sandaufbereitung und ähnliches. Dasselbe läßt sich für die Handformerei durchführen, wenn man sog. Platzkosten einführt.

Nun wird es kaum zwei Gießereien in Deutschland geben, deren Erzeugung und Betriebseinrichtung dieselbe Selbstkostenberechnung — ganz ideell gesehen — zulassen. Als die wirtschaftlich beste und für den Durchschnitt der deutschen Gießereien geeignetste Methode ist jedoch, wie schon ausführlich dargelegt, die Zuschlagsverrechnung anzusehen, und zwar eine Zuschlagsverrechnung, die sich je nach der Art und Vielfältigkeit der fertigen Erzeugnisse einfacher oder verzweigter gestalten wird. Diese Ausgestaltung der Zuschlagsverrechnung wird sich zu richten haben 1. nach der Art und Anzahl der Fertigungsmethoden innerhalb eines Betriebes und 2. nach der Art und Zahl der Fertigerzeugnisse.

Nehmen wir z. B. an, es würde in einer Gießerei Lehmformerei und Sandformerei betrieben, dann ist klar, daß in der Lehmformerei und in der Sandformerei verschiedene Gußstücke hergestellt werden. Die Sandformerei kann naß und trocken gießen. Sie kann von Hand oder von Maschine formen und die Maschinenformerei wiederum kann mit ganz verschiedenen Aggregaten arbeiten, ohne jedoch deshalb verschiedene Erzeugnisse herstellen zu müssen. In einem solchen Falle wird es sich empfehlen, die reine Zuschlagskalkulation auf Fertigungslöhne oder Gewicht noch weiter auszubauen dadurch, daß man die Kosten für diese einzelnen Fertigungsarten getrennt berechnet — die man natürlich nur soweit durchführt, als die Wirtschaftlichkeit gewahrt bleibt, d. h. daß sich eine solche Gruppenverteilung lohnt. Innerhalb dieser einzelnen Gruppen wird nun genau so verfahren wie in der Zuschlagsverrechnung für den ganzen Betrieb. Die Selbstkosten in diesen Gruppen bestehen wie bei der Gesamtabrechnung aus den sog. Maßkosten oder Einzelkosten (d. s. Hauptmaterial und Löhne), und die Unkosten werden in Form von Zuschlägen dazugegeben. Bedingungsweise kann auch die Platzgröße und die Arbeitszeit eine Bezuggröße für die Kosten werden (s. unter Maschinenformerei).

Wir kommen so zur letzten Vervollkommnung der wirtschaftlichen Selbstkostenberechnung, die sich rein äußerlich kennzeichnet durch gestaffelte Zuschläge auf die verschiedenen Gruppen der innerhalb eines Betriebes hergestellten Erzeugnisse oder Herstellungsstätten. So kann beispielsweise in einem Betriebe mit Lehmformerei, Handformerei und Maschinenformerei der Betriebsunkostenzuschlag auf die Löhne in der Lehmformerei 110%, in der Handformerei 170% und in der Maschinenformerei 280% betragen. Innerhalb der Maschinenformerei wiederum betragen die Zuschläge in der einen Gruppe 250, in der anderen 265 und in der dritten Gruppe 290%. Eine solche Unterteilung hindert die Übersicht über die Rentabilität des Gesamtbetriebes keineswegs, denn die Ausgangszahlen für diese Unterteilung sind ja als solche von vornherein vorhanden und können infolgedessen ebenso leicht den Gesamteinnahmen entgegengesetzt werden wie bei der reinen Divisionskalkulation.

III. Nachrechnung und Statistik.

Zu den Hauptanforderungen, die man an ein brauchbares Kalkulationssystem stellen muß, gehören neben der Erfassung der Selbstkosten und Verteilung der Gemeinkosten bzw. Unkosten auf das Stück die Möglichkeit der Aufstellung einer Erfolgrechnung.

Sie hat im allgemeinen zwei Hauptaufgaben:

1. die Wirtschaftlichkeit des Betriebes und seiner einzelnen Teile festzustellen,

2. den Gesamterfolg des Unternehmens auszuweisen.

Durch die weitgehende Kontenaufteilung, die notwendig ist, um eine allgemein brauchbare Selbstkostenberechnung zu ermöglichen, gelangt der Betriebsrechner in den Besitz einer Unmenge von Zahlenwerten, die nur ihrer Auswertung harren. Es ergeben sich da vielerlei Vergleichsmöglichkeiten und es lassen sich Schlüsse auf die verschiedensten Gebiete der Betriebsführung ziehen, wenn man sich nur die Mühe nimmt, zusammengehörige Zahlenwerte herauszunehmen und sie in übersichtlicher Form einander gegenüberszutellen. In der Hauptsache wird man sich hierbei mit Nutzen graphischer Darstellungen bedienen, die besonders für den Ingenieur zu den wertvollsten Anschauungsmitteln gehören. Aber wie auch die Darstellungsweise so recht das Gebiet des Technikers ist, so ist auch die Betriebsstatistik oder vielmehr die Leitung über diese beinahe ausschließlich Sache des technischen Betriebsmannes. Noch vielmehr als bei der Selbstkosten- und Stückpreisberechnung ist für Auswertung und Gegenüberstellung von Betriebszahlen das technische Verständnis für die Vorgänge nötig, die diese Zahlen verursacht haben.

Die Erfolgsrechnung, die sich mit dem Betrieb beschäftigt, kann wiederum in mehrere Einzelpunkte zerlegt werden. Es wird vor allem nötig sein, die Wirtschaftlichkeit der Selbstkostenrechnung als solche nachzuprüfen, was man wiederum durch zweierlei erreichen kann.

1. Durch Gegenüberstellung sämtlicher Ergebnisse der Vor- und Nachrechnung (ein Muster dafür findet sich in „Selbstkosten und Maschinenbau" (47), S. 25).

2. Durch Stichproben der Richtigkeit der Vor- und Nachrechnung von einzelnen, besonders herauszugreifenden Aufträgen oder Erzeugnissen. Die Notwendigkeit der letzteren Nachrechnung wird öfters schon durch

..................Abteilung Jahr..........

Anzahl Arbeitstage		Betrieb No.......	
Beschreibung	Durchschnitt vom letzten Jahr	Januar	Februar
Kapital			
Abschreibung			
Feuerversicherung			
Steuern			
Allgem. Unterhaltungskosten für Grundstück und Gebäude			
Allgem. Instandhaltung der Ausrüstung der Gebäude			
Teilsumme			
Verwaltungsunkosten			
Einkauf und Lagerhaltung			
Post			
Verschiedenes			
Anleitung			
Werktransport			
Wächter und Pförtner			
Betriebsleitung, Angestelltenschaft u. Aufseher			
Betriebsbuchhalter und Rechner			
Versuche			
Lieferungen (direkt)			
Teilsumme			
Betriebsunkosten			
Dampfkraft			
Elektrische Kraft			
Elektrische Beleuchtung			
Heizung und Lüftung			
Preßluft			
Wasser			
Gas			
Lagerhaltung			
Werkstattauskehrer			
Verschiedenartige Werkstattarbeit			
Verschiedenartiges Material			
Erprobung neuen Materials und neuer Apparate			
Abnahme			
Inspektoren			
Werkführer und Assistenten			
Schreiber des vorigen			
Kranführer			
Sandaufbereiter			
Werkstattschreiber (abteilungsweise)			
Schreibmaterialien für Betriebsabteilungen .			
Überstunden und Nachtarbeit			

Fortsetzung

Anzahl Arbeitstage		Betrieb No......	
Beschreibung	Durchschnitt vom letzten Jahr	Januar	Februar
Wartung (Bedienung)			
für Material			
für Werkzeuge			
für Unterweisung			
Löhne für Masselbrecher			
Bedienung der Kraftanlage.			
Bedienung der Krane			
Instandhaltung:			
der Werkzeuge			
der Modelle.			
der Krane, Laufkatzen u. ä.			
Prozeßkosten u. ä..			
Versicherung:			
Gesundheits-			
Unfall-			
gegen Arbeitslosigkeit			
Besondere Aufwendungen bei Unfällen . . .			
Gesamtsumme			

Abb. 18. Vergleichende Unkosten-Aufstellung.

Reklamationen und ähnliches gegeben sein. Aber auch ohne das sollte Wert darauf gelegt werden, daß bei jedem Abschluß solche Prüfungen an besonderen Beispielen vorgenommen werden.

Daraus ergibt sich dann von selbst, daß auch die Zuschläge, die sowohl innerhalb der ersten Umlegungsschritte verwendet werden, als auch die Faktoren der endgültigen Gemeinkostenverteilung auf das Fertigerzeugnis (Löhne, Gewicht, Herstellungskosten u. a. m.) nachgeprüft und nach Bedürfnis verändert werden. Wie im Verlauf der Arbeit bereits öfters erwähnt, ist es unrichtig oder mindestens zu Zeiten ruhenden Geldwertes nicht angebracht, die Zuschlagfaktoren, die sich aus monatlichen oder aus noch kürzeren Zeiträumen stammenden Bilanzen ergeben, auch bei der Vorrechnung ohne weiteres anzuwenden. Die Höhe dieser Zuschlagsfaktoren wird nämlich nicht stets durch normale betriebstechnisch erforderliche Ausgaben beeinflußt; ein sehr wichtiger und nicht zu vernachlässigender Faktor ist die Technik der Verrechnung und die Unregelmäßigkeit, die Einkauf und Verkauf durch Rücksicht auf Wirtschaftslage und Konjunktur in die Betriebsrechnung hereinbringen. Dann aber liegt es auch häufig am Betrieb selbst, wenn in der Bilanz Zahlen erscheinen, die den tatsächlichen Verbrauchszahlen nicht entsprechen. Dies kann z. B. durch Verrechnungsart des Urlaubs, der Heizung, des Materialverbrauchs eintreten, wenn die Abschlüsse dieser Stellen nicht gleichzeitig bzw. in gleichen Zeiträumen wie jeder Gesamtabschluß erfolgt. Insbesondere in Kleinbetrieben ist dann auf dies Moment stark Rücksicht zu nehmen, da es da ja rein wirtschaftlich untunlich ist, die Organisation so weit zu treiben, daß die Verrechnung den Anfall bestimmter Kosten sofort erfaßt und in die jeweilige Bilanz aufnimmt. So kann es z. B. sehr leicht vorkommen, daß in einer Gießerei der Einkauf gewisser Formhilfsmittel, wie Formschwärze, Graphit, Lykopodium usw. nur einmal im Jahr erfolgt, daß die Ausgaben dieser Stoffe an die Former laufend in kleinen Mengen geschieht, so daß der Verbrauch, da er vom Magazin nicht gemessen, nur durch den Einkauf von Jahr zu Jahr festgestellt wird. Da kann es dann natürlich vorkommen, daß dieser Verbrauch an Hilfsmaterial im Einkaufsmonat den Unkostensatz stark in die Höhe treibt, ohne daß die Möglichkeit vorliegt, den so errechneten Satz auch tatsächlich in die Betriebsrechnung zu stellen. Man hat vielmehr in einem solchen Falle darauf zu achten, daß solche unregelmäßig auftretenden Kostenmomente über das ganze Jahr gleichmäßig verteilt werden, genau so wie man es auch bei den Abschreibungen zu machen pflegt. Zu diesem Zwecke wird es nötig sein, die Gesamt- und Teilunkostensätze in eine Tabelle zu verzeichnen oder noch besser eine graphische Darstellung zu machen, aus der Höhe und Veränderung der Zuschlagfaktoren von Monat zu Monat erfolgen kann.

Allerdings macht die Aufnahme der Faktoren bereits wieder Rücksichtnahme auf ihre Bezugsgröße — also die direkten Kosten — erforderlich, wovon noch später die Rede ist. Zum reinen Vergleich dient eine Aufstellung der Unkosten, getrennt nach Kapitalkosten, Verwaltungskosten und Betriebsunkosten, wie Abb. 18 zeigt (34), S. 233.

Es werden hier dem Durchschnitt des letzten Jahres die monatliche Höhe der Kosten, Teilsummen und Gesamtsummen gegenübergestellt, was ganz ausgezeichnete Vergleichsmöglichkeiten bietet. Noch besser bzw. übersichtlicher ist eine graphische Darstellung der Unkostensummen, bezogen auf die einzelnen Abteilungen, s. Abb. 19 (53).

Während die Gegenüberstellung des monatlichen Verbrauchs der einzelnen Kostenarten in der Hauptsache kaufmännische Fragen zu klären vermag, wird eine solche Aufstellung, die bereits den Verbrauch der einzelnen Betriebe an Unkosten nachweist, wertvolle Aufschlüsse für die Wirtschaftlichkeit dieser Betriebsabteilungen geben können. Im vorliegenden Kurvenblatt ist beispielsweise die besonders starke Spitze der Formereiunkosten im Mai auffällig. Dafür können die verschiedensten Gründe maßgebend sein. Es können z. B. besonders hohe Ausschußzahlen, die der Formerei belastet werden, ferner besonders hoher Verbrauch an Hilfsmaterial durch unrichtige Verrechnung, wie schon oben ausgeführt oder Art der Lohnabrechnung der Grund sein, was auch hier die Ursache für die übermäßige Spitze ist.

Überhaupt bildet die Lohnabrechnung eine sehr wichtige und schwierig zu lösende Frage. Bekanntlich werden in Deutschland die

Löhne wöchentlich ausgezahlt. Wird der Gesamtabschluß nun monatlich gemacht, so gibt es nur zwei Möglichkeiten, entweder man nimmt während dreier Monate 4 Lohnwochen und jeden 4. Monat 5 Lohnwochen auf, dann ist das für die Lohnverrechnung einfach, aber für die Selbstkostenrechnung sehr unangenehm, da sie das ganze Bild der Abrechnung empfindlich stört, wie man aus Abb. 19, aber auch aus

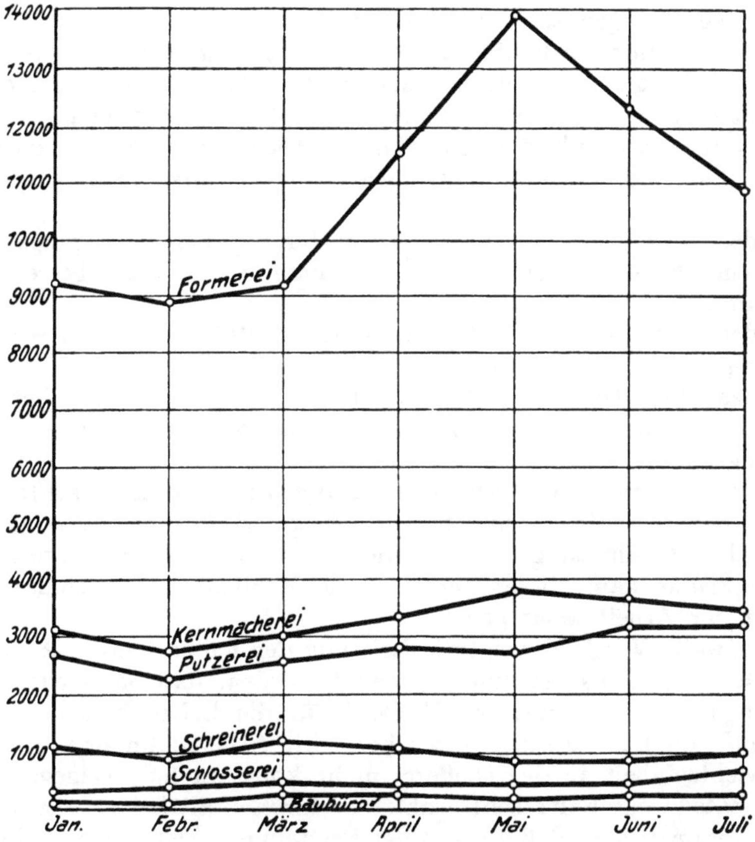

Abb. 19. Unkostenanteil der Betriebe.

Abb. 20 ersehen kann. In diesem Falle ist nämlich der Mai ein solcher 5 Wochenmonat, der nun noch außerdem mit einer Lohnsteigerung zusammenfällt.

Wir sehen also, daß man sich bemühen muß, einen anderen Ausweg zu finden. Die Möglichkeit besteht darin, daß man monatlich nicht 4 Lohnwochen nimmt, sondern den Stichtag der Abrechnung auch für den Abschluß der Löhne verwendet. Dies ist jedoch mit ungeahnten Schwierigkeiten für die Lohnabrechnung verknüpft, und in den allermeisten Fällen ist dies rein technisch nicht durchzuführen, so daß also dieser Weg nicht gangbar ist.

Nun wäre das einfachste Mittel, diesen Übelstand abzustellen, der Übergang der wochenweisen Löhnung auf Dekadenlöhne, so daß monatlich 3 Lohndekaden zur Abrechnung gelangten. Die Gründe, die ein solches Abrechnungsverfahren unmöglich machen, liegen in der Hauptsache außerhalb des Betriebes. Der wichtigste ist der Widerstand der Arbeiterschaft gegen eine solche Löhnungsweise.

Hat man nun auch die direkten oder Fertigungslöhne sowie Gewicht und Wert des Hauptmaterials des flüssigen Eisens und der Ausbringung zusammengestellt, so kann man dazu übergehen, die Vergleichsetzung der Unkosten mit diesen direkten Kosten aufzuzeichnen. Im einzelnen werden dafür folgende Nebeneinanderstellungen erforderlich sein:

1. das Verhältnis der Betriebsunkosten zu den Fertigungslöhnen bzw. zu den Former-, Kernmacher- und Putzerlöhnen in den betreffenden Abteilungen,
2. das Verhältnis der Fertigungslöhne zur Produktion bzw. zur Ausbringung,
3. das Verhältnis der Unkosten zur Ausbringung und endlich
4. das Verhältnis der gesamten Herstellungskosten zur Höhe der Ausbringung.

Bei der ersten dieser Gegenüberstellungen ist darauf zu achten, daß die Art der Lohnabrechnung berücksichtigt wird, ebenso alle anderen durch die Buchhaltung entstehenden Unstimmigkeiten ausgeschaltet werden. Dann kann dieser Vergleich die Möglichkeit zu Schlüssen auf die Art der Arbeitsweise geben.

Der zweite Vergleich zeigt die Leistung der Facharbeiter. Allerdings muß dabei die Einschränkung gemacht werden, daß das Gewicht der Ausbringung nicht immer ein Maßstab für die Leistung des Arbeiters sein muß, da ja, wie schon öfter bemerkt, Arbeitslohn bzw. Leistung je Gewichtseinheit in der Gießerei nicht konstant ist. Dagegen kann ein Monatsdurchschnitt sehr wohl die durchschnittliche Leistung angeben, vorausgesetzt, daß die Art der Fertigung die gleiche geblieben ist, d. h. daß das Verhältnis der Stücke, die gleiche Arbeitszeit auf die Gewichtseinheit beanspruchen, dasselbe geblieben ist. Man wird sich infolgedessen nach Möglichkeit in diese Kurve noch den Fertigungsanteil etwa nach Art des Gusses, der Gußklassen usw. so eintragen, daß man Anhaltspunkte über die Verschiebung der Produktion in der beschriebenen Weise erhalten kann.

Dasselbe wäre zu Punkt 3 (Abb. 20) und Punkt 4 zu sagen.

In diesem Zusammenhang sei auch noch kurz vom 2. Teil der Erfolgrechnung in der Gießerei, dem Gesamterfolg des Unternehmens, gesprochen. Wenn man Gewinn und Verlust aus einem bestimmten Zeitraum abschließen will, dann muß man sich auch genau so wie über die Höhe der Ausgaben über die Menge des erzeugten Gusses klar sein. Nun ist es aber in der Gießerei häufig so, daß besonders langwierige Arbeiten und Serienaufträge sich von einer Abrechnung in die andere hinein erstrecken, daß innerhalb einer Abrechnungszeit Waren zur Ablieferung gebracht werden und unter Ausbringung erscheinen, die schon im Vormonat verfertigt wurden. Ebenso jedoch werden wieder in dieser Zeit Gußstücke geformt und abgegossen, die vielleicht erst im nächsten Monat geputzt und abgeliefert werden. Nun sind diese in Frage kommenden Mengen nach Wert und Gewicht häufig sehr verschieden, so daß man einen Fehler machen würde, wenn man stillschweigend annimmt, daß

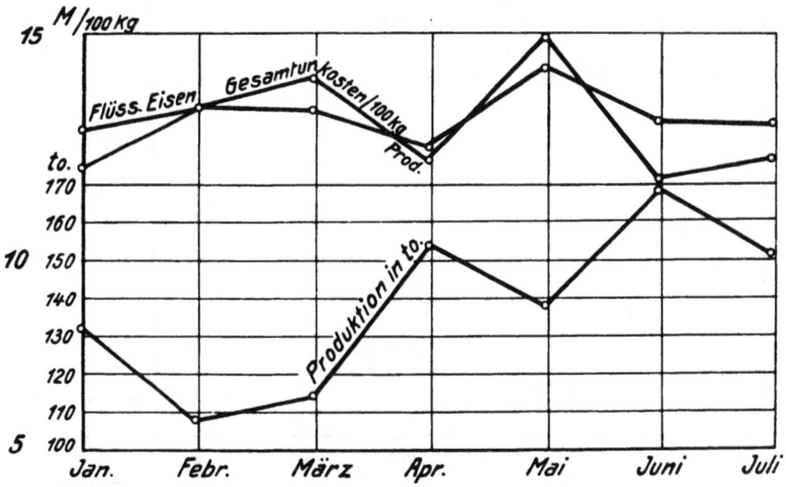

Abb. 20. Produktion in t, flüssiges Eisen und Gesamtunkosten für 100 kg.

sich diese Zahlen ausgleichen und sie infolgedessen überhaupt nicht in die Abrechnung hineinnimmt. Um also einen richtigen Überblick über den Gesamterfolg zu bringen, muß man sich auch eine Aufstellung über den Gießereiumsatz machen, wie Abb. 21 zeigt (34).

Hat man diese Zahlen ermittelt, dann kann man daran gehen, sich nach Muster von Abb. 22 eine Gießerei-Erfolgaufstellung zu machen.

Selbstredend sind die gegebenen Schemata nicht für alle Gießereien gleich; nach Art der Produktion und Organisation des Betriebes wird man Änderungen vornehmen müssen. Über die Einzelheiten zu sprechen ist hier jedoch nicht der Platz, es sei lediglich über die grundsätzlichen Erfordernisse der Erfolgrechnung gesprochen. Zu den hier genannten Aufstellungen kommt je nach Art des Betriebes noch eine große Zahl Erfolgrechnungen rein technischer Art, die z. T. schon im Laufe der Arbeit besprochen wurden und in der Hauptsache dazu dienen, Durchschnittsziffern für verschiedene Größen zu ermitteln, wie z. B. Abfall, Ausschuß,

			Kosteneinheit je t
	Verladene Gußstücke:		
	(angesetzt zum Werte der betr. Klasse)		
	Abteilung Nr. 1 Gewicht		
	Abteilung Nr. 2 Gewicht		
	Gußstücke in Arbeit: (bewertet entsprechend dem Grade der Vollendung)		
	Abteilung Nr. 1 Gewicht		
	Abteilung Nr. 2 Gewicht		
	Vorgetane Arbeit:		
	Abteilung Nr. 1 Arbeits-Stunden		
	Unkosten %		
	Abteilung Nr. 2 Arbeits-Stunden		
	Unkosten %		
	Gießereiausrüstung		
	Saldo (falls Verlust)		

	Durchschnittliche Kosten in Mk. je t		
	Netto-Ausbringung	1. Periode t	2. Periode t
	Löhne		
	Unkosten		
	Material		
	Gesamtkosten je t		

Abb. 21.

Abbrand, dann aber auch um die Qualität der verwendeten Materialien, des Fertigerzeugnisses und der Arbeitsweise einzelner Maschinen zu kontrollieren, also Fragen der reinen Betriebsüberwachung, wie z. B. Analysen und Ermittlung der Eigenschaften von Metallen, Formmaterialien, Wärmebilanzen der Schmelzöfen und Trockenöfen, Wirkungsgrad der Sandaufbereitung und Abfallverwertung und vieles andere.

Für einen kleinen Betrieb möge ganz allgemein folgende statistische Aufzeichnung genügen, die man günstig auch in Form einer graphischen Darstellung führen wird. Abb. 23 (34).

Einzelheiten der Kosten	Kosteneinheit je t			
Vorgetane Arbeit (vom vorigen Monat übernommen) .				
Abteilung Nr. 1 Arbeits-Stunden				
Unkosten %				
Abteilung Nr. 2 Arbeits-Stunden				
Unkosten %				
Einrichtung dieser übernommenen Arbeit				
Abteilung Nr. 1 Arbeits-Stunden				
Unkosten %				
Abteilung Nr. 2 Arbeits-Stunden				
Unkosten %				
Lohnkosten:				
Formerei (aus dem Lohnbuch)				
Kernmacherei (aus dem Lohnbuch)				
Andere Löhne (aus dem Lohnbuch)				
Materialkosten:				
Roheisen				
Schrott				
Koks				
Sand				
Hilfsstoffe				
Öl				
Verschiedenes				
Unkosten:				
Geschätzter Prozentsatz				
tatsächlicher Prozentsatz (Differenz)				
Saldo Gewinn				

Einzelheiten der Erzeugung	t	Materialeinheiten	
Verladene Gußstücke		Roheisen	
Gußstücke in Arbeit		Schrott	
Geringste in Arbeit befindliche Menge von . . .		Koks	
Gußstücken zu Beginn der Periode		Sand	
Nettogewicht der Erzeugung		Öl	
		Hilfsstoffe . . .	

Aufstellung über den Gießereiumsatz.

Bei der Zuschlagserrechnung und der Ermittlung der Stundenziffer ist schon im Laufe der Arbeit die Rede vom Einfluß des **Beschäftigungsgrades** auf die Selbstkosten gewesen. Es wird daher vielleicht gut sein, grundsätzlich noch einiges darüber zu sagen, insbesondere da diese Frage in letzter Zeit in der Literatur viel Beachtung gefunden hat.

Bei kleinen Betrieben war es verhältnismäßig einfach, seine Kosten nach dem Beschäftigungsgrade einzustellen, da man wenig maschinelle Einrichtungen hatte und infolgedessen mit geringem investierten Betriebskapital arbeiten konnte. Man hatte auch weiterhin keinen großen

Verwaltungs- und Organisationsapparat nötig, die Hauptkosten verursachten die Löhne und der Werkstoff, beides aber sind Kostenarten, die sich nach dem Umfang der Fertigung richten, also sog. bewegliche

Soll	Haben
Saldo des vorhandenen Vorrates und Aufträge in Arbeit	Wert der getätigten Lieferungen . .
Gesamtlöhne:	Verlust vom Umsatzkonto . . . . .
direkte	
indirekte	
Gesamteinkäufe an Rohmaterialien .	
Generalunkosten, insgesamt	
Ertrag vom Umsatzkonto	Saldo des vorhandenen Vorrates und Aufträge in Arbeit . . . . . .
insgesamt	insgesamt . . . .

Abb. 22. Gießerei-Erfolgaufstellung.

Kosten im Gegensatz zu den festen Kosten, die stets gleich bleiben, ob man viel oder wenig herstellt (2), S. 196ff. Diese festen Kosten sind also auf die Zeiteinheit bezogen konstant bzw. sie ändern sich nur ganz wenig nach oben oder unten; es kann nämlich sein, daß bei fallendem Beschäf-

	Periode (Monate) 1	2	3	4	5
Kosten in Mk. je Tonne:					
Gemeinsame Kosten					
Löhne					
Material					
insgesamt					
Verkaufspreis in Mk. je Tonne					
Gewinn oder Verlust der Periode					
Ausbringung in Tonnen					
Anzahl Arbeitstage					
Ausbringung in Tonnen je Arbeitsstunde .					
Überstunden in Proz. der gesamten Arbeitsstunden					
Durchschnittsunkosten					
Gewinn oder Verlust in Proz.					

Abb. 23. Allgemeine Gießerei-Statistik.

tigungsgrad die festen Ausgaben durch erhöhte Werbetätigkeit sogar noch größer werden (Abb. 24).

Eine sehr große Schwierigkeit liegt allerdings darin, eine genaue Grenze zu ziehen zwischen jenen Kosten, die sich mit wechselndem Beschäftigungsgrad ändern und solchen, die stets gleich bleiben. Schließlich ist es eine persönliche Ansichtssache der Betriebsleitung, ob man gewisse Verwaltungsaufgaben bei steigender Beschäftigung mit der gleichen Anzahl von Beamten erledigen kann und ob es tunlich ist, bei starker Unterbeschäftigung gewisse Beamte zu entlassen, weil man sie augenblicklich nicht mehr braucht; es ist also hier niemals unbedingt zu sagen: hier feste — hier bewegliche Kosten. Man wird eben da von Fall zu Fall, gestützt auf eigene Betriebserfahrungen und die Ergebnisse früherer Aufzeichnungen die Unterteilung vornehmen müssen.

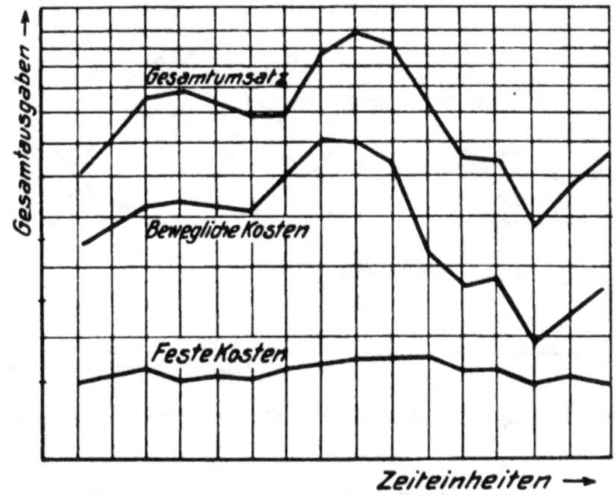

Abb. 24. Feste und bewegliche Kosten bei schwankender Beschäftigung.

Im allgemeinen jedoch werden zu den festen Kosten gehören: Abschreibungen von Maschinen, Gebäude, Transporteinrichtungen und sonstigen Vermögenswerten, Verzinsung des investierten Kapitals, laufende und schwer veränderliche Ausgaben des Verwaltungsapparates (Direktion, kaufmännische Verwaltung, Betriebs- und Lohnbureau, Meister) u. a. m.

Die beweglichen Kosten setzen sich aus allen unmittelbar durch die Erzeugung entstehenden Kostenarten zusammen. Fertigung und Hilfsmaterial, Löhne der Fach- und z. T. Hilfsarbeiter, Kraftbedarf u. ä.

Die genaueste Methode zur Trennung dieser beiden Kostengruppen wäre die Auseinanderlegung der Konten. Da jedoch oftmals gleiche Buchungs- und Verrechnungskonten sowohl an den festen als auch an den beweglichen Kosten Anteil haben, ist es sehr schwer, eine solche Trennung vorzunehmen. Man wird sich also in einem solchen Fall auf eine Überschlagsrechnung beschränken müssen oder einen anderen Weg einschlagen, der sich aus der Auswertung der Erfolgsübersicht ergibt.

Wenn wir uns, wie in Abb. 25 während mehrerer Rechnungsabschlüsse die Kosten je Tonne ausgebrachten Gusses und die Erzeugung (Ausbringung) in Tonnen auftragen, dann können wir folgende Überlegung anstellen: Geht man von einem bestimmten Zeitpunkt aus und setzt hier Kosten je Tonne und Erzeugung in t = 1, so kann man bei veränderter Beschäftigung den Einfluß dieser Veränderung auf die Erzeugungskosten erkennen, indem man die neue Relation der beiden Größen aufstellt. In unserem Falle sind die Kurven so gelegt, daß die Schnittpunkte gleichzeitig die Kosten pro Tonne im Mittel ergeben. Diese Kosten bzw. diese Produktionshöhe = 1 gesetzt, entspricht einer Produktionssteigerung von 1,75 eine Senkung der Kosten auf 0,75 bzw. einer Verminderung der Produktion auf 0,27, eine Kostensteigerung pro Tonne

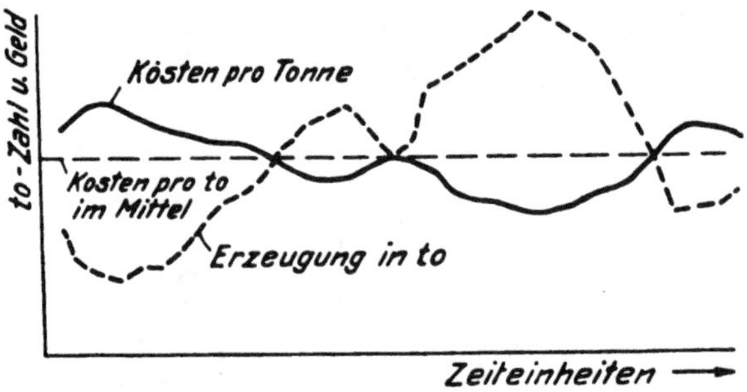

Abb. 25. Erzeugungskosten bei schwankendem Beschäftigungsgrad.

auf 1,25. Wenn wir diese Relation so oft wiederholen, als Zahlenwerte zum Vergleich vorhanden sind, werden wir einen Durchschnittsquotienten bekommen, der sich etwa so auswirkt, daß einer Erhöhung in der Produktion im Durchschnitt um zwei Drittel eine Verminderung der Kosten um ein Drittel entspricht. Daraus läßt sich dann mit Leichtigkeit die Summe der gesamten festen und beweglichen Kosten gewinnen. Ein solches Verfahren gibt weitaus größere Sicherheit als jede theoretische und rein rechnerische Trennung, wie sie vorher beschrieben wurde, da durch ein solches Verfahren die tatsächlichen Verhältnisse erfaßt werden.

Dies möge an Hand eines Beispieles erläutert werden. Es liege derselbe Gedankengang zugrunde wie im vorigen Absatz ausgeführt, nur sind zur Ermittlung der festen Kosten nicht die jeweiligen Kosten pro Tonne, sondern der Übersicht halber die Gesamtkosten zugrunde gelegt.

Bei gleicher Art der Fertigung hätte sich innerhalb zweier Jahre eine Produktionshöhe von 150 t monatlich als normal herausgestellt; dieser Produktionshöhe entsprach ein Gesamtkostenaufwand von 50 000 Mk. Es handelt sich nun darum, die durchschnittlichen festen Kosten aus den Gesamtkosten bei verschiedenem Beschäftigungsgrad zu ermitteln. — Allgemein würde sich aus den gegebenen Größen als Formel für die festen Kosten A ergeben:

N_0 = Normalleistung in t,
N_1 = veränderte Leistung in t,
K_0 = Gesamtkosten bei Normalleistung,
K_1 = Gesamtkosten bei veränderter Leistung,
A = gesamte feste Kosten,
B_0 = gesamte bewegliche Kosten bei der Normalleistung;

während die festen Kosten A gleichbleibend angenommen sind, verändern sich die beweglichen Kosten direkt proportional der Leistung, und zwar würden sie bei der Leistung N_1 zu setzen sein:

$$B_1 = B_0 \frac{n_1}{n_0}.$$

Um nun A zu ermitteln, stehen folgende Gleichungen zur Verfügung:

$$A + B_0 = K_0$$

$$A + B_0 \frac{N_1}{N_0} = K_1,$$

$$B_0 = \frac{N_0(K_1 - K_0)}{N_1 - N_0},$$

$$A = K_0 - B_0 = \frac{K_0 N_1 - K_0 N_0 - K_1 N_0 + K_0 N_0}{N_1 - N_0}$$

$$= \frac{K_0 N_1 - K_1 N_0}{N_1 - N_0} = A.$$

Im vorliegenden Falle hat die Betriebsstatistik innerhalb zweier Jahre folgende Werte von N und K ergeben, aus denen sodann nach obenstehender Formel die Werte für A und B gewonnen sind:

	Leistung in t N	Gesamt-Kosten in M K	Feste Kosten A	Bewegliche Kosten $B = K \cdot A$	Gesamt-Kosten pro t k	Feste Kosten pro t a	Bewegliche Kosten pro t b
I	50	29 000	18 500	10 500	580	370	210
II	100	40 150	20 100	20 050	402	301	201
Normal	150	50 000	—	—	333	—	—
III	290	76 000	22 100	53 900	262	76	186
IV	300	80 000	20 000	60 000	266	66	200
		Im Mittel	20 200				199

Trägt man sich die Kosten pro Tonne nun nach steigenden Werten der Tonnenzahl (in diesem Fall analog dem Beschäftigungsgrad) auf ein Kurvenblatt, so erhält man ein Bild ähnlich der „Stundenziffer bei verschiedenen Betriebsstunden“ (Abb. 11, S. 39) oder „Metallkosten für verschiedene Ausbringung“ (Abb. 9, S. 32). Aus dieser Kurve kann man dann die zur Vorrechnung benötigten Werte ohne weitere Rechnung abgreifen (Abb. 26).

Nun muß auch hier wieder eine sehr wichtige Einschränkung gemacht werden; daß nämlich eine solche Vergleichsetzung nur dann möglich ist, wenn das Verhältnis des Wertes pro Gewichtseinheit zum mindesten in der Gesamtproduktion konstant ist. Ist dies nicht der Fall, so werden wir ganz falsche Schlüsse aus der Veränderung der Kosten ziehen.

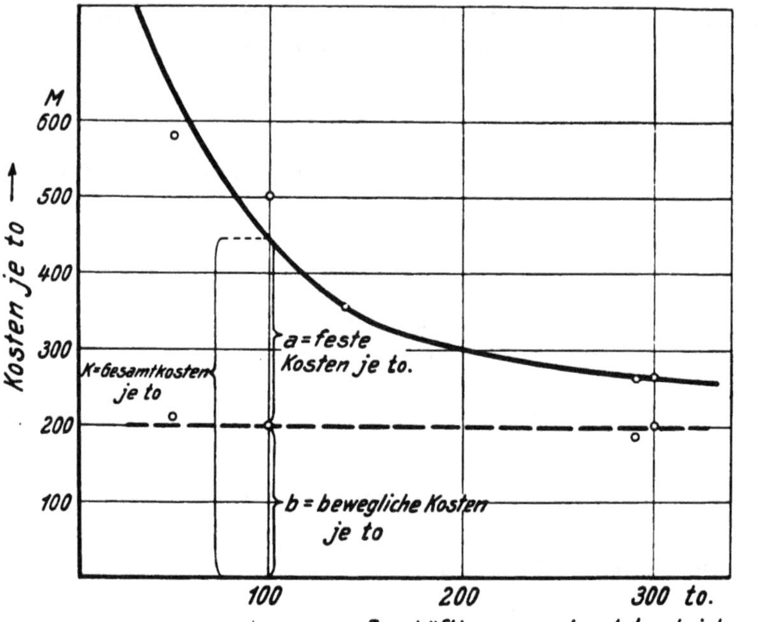

Abb. 26. Kosten je t bei verändertem Beschäftigungsgrad.

Vor nichts muß man sich schwerer hüten als vor übereilten Schlüssen bei der Auswertung von statistischen Aufzeichnungen. Gerade bei graphischen Darstellungen, die die Ergebnisse einer solchen Untersuchung so faßlich und übersichtlich wiedergeben, muß man doppelt vorsichtig sein, wenn man aus den Ergebnissen brauchbare Schlüsse gewinnen will. Wie schon weiter oben ausgeführt, hat man ja auf Grund der laufenden Aufzeichnungen aller wichtigen Werte die Möglichkeit, solche Veränderungen festzustellen, weiterhin durch Aufzeichnung der Unkostensätze und des Verhältnisses der Löhne und der anderen Ausgaben zur Ausbringung die Auswirkung dieser Unregelmäßigkeiten. Es wird also immerhin auch möglich sein, sich von einer solchen Kurve, wie Bild 25 über die Höhe der festen und beweglichen Kosten unterrichten zu lassen, wenn der Durchschnittswert pro Tonne in verschiedenen Zeitabschnitten auch nicht konstant geblieben ist.

Man kann aber auch die Fehler, die durch die Wertschwankung entstehen können, dadurch beseitigen, daß man als Bezugsgröße zu den Kosten pro Tonne nicht das reine Gewicht, sondern eine Summe aus Gewicht + Fertigungslohnstunden wählt. Da nämlich, wie schon unter Formerei nachgewiesen, die Fertigungslöhne der Hauptverteuerer schwieriger Gußstücke gegenüber leicht zu formenden sind, während die Materialunkosten mehr mit dem Volumen bzw. dem Gewicht zu tun haben, wird man durch diese Relation die Fehler ohne weiteres ausgleichen können.

Man kann auch noch eine Beurteilungsmöglichkeit für das Verhältnis zwischen den festen und beweglichen Kosten eines Gußstückes gewinnen, wenn man von der Ursache der Steigerung der festen Kosten, nämlich der Mechanisierung der Betriebe ausgeht; diese Mechanisierung drückt sich in dem Verhältnis zwischen Facharbeiter und Hilfsarbeiter aus. Es ist also z. B. bei der Beurteilung des Einflusses, den die Veränderung der Beschäftigung auf verschiedene Betriebe hat, selbst von Seiten des Außenstehenden nicht schwer, aus dem Verhältnis:

$$\frac{\text{Facharbeiter}}{\text{Hilfsarbeiter}}$$

die nötigen Schlüsse zu ziehen, wenn Vergleichswerte zur Verfügung stehen.

Messerschmidt und nach ihm noch einige Fachleute vertreten die Ansicht, daß man die Veränderung durch die Beschäftigung nicht nur genau kennen, sondern auch im Angebot und in der Preisstellung berücksichtigen muß, da man sonst keinen Ausgleich zwischen Ausgaben und Einnahmen haben kann. Dieser Standpunkt läßt sich in der Wirklichkeit nicht vertreten, er vereinigt sich in keiner Weise mit dem durch Angebot und Nachfrage geregelten Markt. Wir müssen daher streng unterscheiden zwischen der Feststellung der tatsächlich aufgelaufenen Kosten, die die Nachrechnung erbringen muß und den in Rechnung zu stellenden tragbaren Kosten. Für den letzten Fall müssen Durchschnittswerte über Zeitabschnitte zugrunde gelegt werden, deren Länge je nach Umsatz und Betriebsart verschieden zu wählen sind.

Auch hier wie überall in der Selbstkostenrechnung muß man immer wieder darauf Rücksicht nehmen, daß sich einheitliche, starre, auf alle Betriebe zutreffende Formen nicht geben lassen, sondern daß dem Fachmann nur der Weg gewiesen werden kann, auf dem er zu einer richtigen und einwandfreien Selbstkostenrechnung in der Eisengießerei kommt.

Literaturverzeichnis.

(Die Nummern entsprechen den im Text eingeklammerten Zahlen.)

I. Bücher.

1. Daeves: Großzahlforschung. Verlag Stahleisen m. b. H. 1924. Düsseldorf.
2. Heidebroek: Industriebetriebslehre. Verlag Julius Springer. Berlin 1923.
3. Leber: Die Frage der Selbstkostenberechnung von Gußstücken in Theorie und Praxis. Verlag Stahleisen m. b. H. Düsseldorf 1910.
4. Messerschmidt: Die Kalkulation in der Eisengießerei. Verlag Baedeker 1903.
5. Michel: Arbeitsvorbereitung. V.D.I.-Verlag, G. m. b. H. Berlin 1924.
6. Rein: Wertberechnung von Gießerei-Erzeugnissen. Verlag der Zeitschr. d. Bundes Deutscher Zivil-Ingenieure. Hannover 1913.
7. Winkler: Die kaufmännische Verwaltung einer Eisengießerei. Naucksche Buchdruckerei. Berlin 1906.
8. Sachsenberg, Fehse u. Schmidt: Ausgewählte Arbeiten des Lehrstuhles für Betriebswissenschaften in Dresden. Verlag Julius Springer. Berlin 1924.

II. Zeitschriften.

a) Deutsche.

Abkürzungen: D.G. = Die Gießerei; G.Z. = Gießerei-Zeitung; E.Z. = Eisen-Zeitung; St.u.E. = Stahl und Eisen; M.B. = Maschinenbau; Z.d.V. = Zeitschrift des Vereins deutscher Ingenieure; = B.u.o. = Betrieb und Organisation; Z.f.B. = Zeitschrift für Betriebswirtschaft.

9. Mehrtens: Ein Beitrag zur Kalkulation in der Eisengießerei. St.u.E. 06, H. 17.
10. — Die Erhöhung der Wirtschaftlichkeit in der Metallgießerei. D.G. 22, H. 31.
11. Buschkühler: Normal-Betriebs-Buchführung für Eisengießereien. D.G. 21, H. 2.
12. Martell: Das Taylorsystem und seine Bedeutung. D.G. 21, H. 17.
13. Daeves: Organisation der technischen Betriebsüberwachung in der Eisenindustrie. St.u.E. 22, S. 221—224.
14. Gilles: Das Terminwesen im Gießereibetriebe. G.Z. 24, H. 7.
15. Steinbacher: Preisbildungsfragen für Eisengießereierzeugnisse. D.G. 24, H. 7.
16. Peiser: Selbstkosten und Erfolg in Buchhaltung, Nachrechnung und Vorrechnung. M.B. 24, H. 12.
17. — Richtlinien für die Verminderung des Ausschusses in der Eisengießerei. E.Z. 24, H. 50.
18. Hollaender: Verrechnung der Betriebsunkosten, insbesondere in Gießereien. D.G. 25, H. 1.
19. Resow: Wie kommen wir zu einer einheitlichen Akkordbestimmung in der Gießerei. St.u.E. 24, H. 44.

20. Schulz-Mehrin: Die Änderung der Unkostenzuschläge. M.B. 24, H. 7.
21. Schumacher: Die Grundzüge der Kalkulation in der Eisengießerei. G.Z. 24, H. 20.
22. Sachsenberg: Terminverfolgung und Arbeitsverteilung im Dreistufenverfahren. M.B. 24, S. 975/79.
23. Lischka: Fließender Zusammenbau in Gießereien. D.G. 24, H. 50.
24. — Über die Verrechnung des Abfalls von Gußstücken. D.G. 25, H. 34, S. 634—636.
25. — Selbstkostenrechnung in der Eisengießerei. D.G. 25, H. 48, S. 929—933.
26. Schulz-Mehrin: Welche Unkostenanteile in den Selbstkosten sind zu hoch? M.B. 24, H. 28.
27. Hegner: Das Problem der Vorkalkulation und seine Lösung. Z.d.V. 24, H. 32.
28. Strauch: Materialverwaltung in Maschinenfabriken unter entsprechender Berücksichtigung der Selbstkostenverrechnung. M.B. 24. H. 20.
29. Winkel: Zur Frage der Verzinsung in der Selbstkostenrechnung. M.B. 25. H. 1.
30. Zapf: Das Gießerei-Transportwesen. M.B. 23, H. 1.
31. Reinhardt: Zeitstudien in Gießereien. D.G. 25, H. 34.
32. Tillmann: Arbeits- und Zeitstudien als Grundlage wissenschaftlicher Betriebsführung. D.G. 25, H. 38.

b) Ausländische.

Abkürzungen: Th.F. = The Foundry; Th.I.A. = The Iron Age; The.F.Tr.J. = The Foundry Trade Journal; L.fo.mo. = La fonderie moderne.

33. Kalpers: Die Selbstkostenberechnung in der Gießerei. L.fo.mo. 22, H. 12; 23, H. 2. (Bearb. in D.G. 23, H. 33.)
34. Dunkerley: Factory Accounts, Costs and Statistics. Th.F.Tr.J. 22, S. 233 bis 235 u. 248—249.
35. Ropsy: Feststellung der Selbstkosten in der Gießerei. L.fo.mo. 22, S. 47—52 (D.G. 22, H. 26).
36. Kalpers: Die Aufstellung der Selbstkosten in der Gießerei. L.fo.mo. 24, S. 77/78 u. 93—96 (M.B. 24, H. 30).
37. Buffet: Le Chronimétrage en Fonderie. L.fo.mo. 23, S. 75—81.
38. Hill: A Practical Cost System for the Small or Medium-Sized Foundry. Th.F. Tr. J. 23, H. 342.
39. Masson: L'établissement du Prix de Revienten Fonderie L.fo.mo. 23, S. 37—39.
40. Ronceray: La Question des Prix de Revient en Fonderie. L.fo.mo. 23, S. 52—57.
41. Association Technique de Fonderie: Die Selbstkosten in der Gießerei. L.fo.mo. 22, S. 101—106 (D.G. 23, H. 33).
42. Browne: Wirtschaftlichkeit in der Gießerei. L.fo.mo. 24, S. 240—241 (D.G. 24, H. 47).
43. Perkins: Selbstkostenermittlung. Th.F. 24, S. 303—306 (D.G. 24, H. 47).
44. Derulle: Einfluß der Stücklohnarbeit auf die Güte der Erzeugnisse. L.fo. mo. 24, S. 227—228 (D.G. 24, H. 47).
45. Browne: Ersparnisse im Gießereibetriebe. Th.F.Tr.J. 24, S. 38—40 (D.G. 24, H. 43).

III. Druckschriften.

46. Seidel (V.D.Eis. G.): Harzburger Druckschrift. 1.—3. Auflage.
47. Ver. d. Masch.-Anstalten: Selbstkostenberechnung im Maschinenbau. Kommissionsverlag des Vereins deutscher Ingenieure. Berlin 1921.
48. „Covny“: Handleiding voor het berekenen van prijzen voor ijzergietwerk. Tweete Druk, Juni 1924.

49. Lohse: Richtlinien für die Selbstkostenberechnung. Transactions of the American Foundrymens Association 1922 (D.G. 23, H. 22).
50. Corbett: Cost Finding in a Foundry. Transactions 24.
51. May: Departemental Costs in the Foundry. Transactions 24.
52. Piper: A Foundry Cost-System. National Association of Cost Accountants.
53. Arbeiten des Lehrstuhls für Maschinenbau II. Professor Dr.-Ing. E. Heidebroek der Technischen Hochschule Darmstadt.

www.ingramcontent.com/pod-product-compliance
Lightning Source LLC
LaVergne TN
LVHW081341011026
849161LV00013BB/2974